U0070818

解決情緒焦慮，做好人際及家庭處理

林佩芸、謝季玲、劉貞柏／合著

劉貞柏／插畫

重磅推薦

蔡佩蓁　臺安醫院心身醫學暨精神科醫師

鄭映芝　中國醫藥大學附設新竹醫院身心科醫師

推薦序一：

每個人都可以輕鬆進入的精神科普書

身爲精神科醫師，每天在診間不外乎是傾聽及盡可能的給予專業意見，但不得不承認，在緊湊的門診時段內，有時眞的不容易做到好好的「聽個案說」，再慢慢的「對個案說」。當然，好好聽個案說是必須也是無法省略的環節，而慢慢的「對個案說」又分爲，同理回應個案的部分，以及基本的疾病概念說明加上治療相關的解釋。衛教性質的內容想來枯燥，也往往不是個案心中最想聽醫師說明的部分，但如何將個案實際上面臨且在意的情境，結合相關的衛教知識，用個案可以理解的方式說明清楚，絕對是個案是否能順利接受治療的關鍵。

但說實在的，來就診的個案往往是帶著焦慮不安、憂鬱低落的心情，抑或是長時間的睡眠困擾而來。這種情況下，大腦其實不容易一次接收和處理太多的訊息，即使醫師想要努力的把重要訊息慢慢的說給個案聽，個案也未必能完全接收理解，更遑論如果醫師是以2倍速的方式在說明訊息量龐大的衛教內容，個案可能會感到更多的挫折或困惑。

爲了避免一次說太多嚇跑個案，阿柏醫師的系列書籍，包含《失眠關鍵50問》、《請問醫生，我的孩子有問題嗎？：精神科醫生教你聽懂孩子的內心話？》及《睡覺也需要練習》一直是我時常推薦個案可以入手的

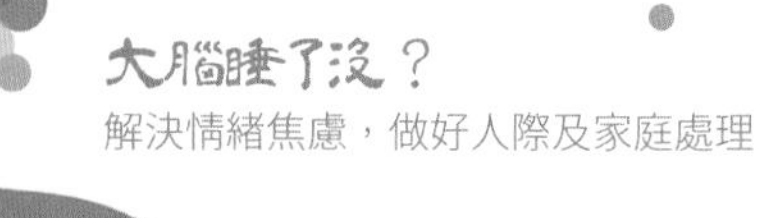

書籍。每一本都是易讀、好懂，又知識量滿滿的好書。

或許你不曾想過自己需要到身心科就醫，但你一定有過生命中大大小小令你焦慮不安的場景。這次阿柏醫師和謝季玲醫師強強聯手，推出了最新的《大腦睡了沒？解決情緒焦慮，做好人際及家庭處理》，跳脫乏味無趣的衛教知識說明，利用生活中各種熟悉的場景引導讀者練習察覺自己的情緒脈絡。透過各種突破盲點的提問，詼諧又一針見血，讀來真的有一種「對耶，我怎麼沒有這麼想過」的醍醐灌頂之感。

各種常見的焦慮情境，從自身到工作情境及親密關係，又從關係議題回歸到自身的情緒脈絡。讓身處不同生命階段的讀者，都能在書中找到屬於自己的答案。兩位醫師藉由簡單又清晰的分析路徑，手把手的引導讀者釐清自己的情緒脈絡，讓一個個混亂又心煩的場景，逐漸變得清晰，並且針對問題，提出有效的解決策略及各種練習技巧。每一個章節段落都會有「阿柏醫師溫馨提醒」，讓讀者能更快速的抓到文中的精華。

生命中的焦慮或許不會完全消失，但我們可以學習與自身情緒共處的方式，了解自己的情緒脈絡，學會如何照顧自己的情緒，不被焦慮的情緒給淹沒。讓我們學習安放自己情緒的方式，並且找到屬於自己最自在的狀態。

臺安醫院心身醫學暨精神科醫師
蔡佩蓁

推薦序二：
從錯誤的認知中重新跟自己相處

這是兩位我認爲很棒的醫師爲了幫助個案與民衆而寫下的一本書，我相信讀者在看完這本書之後，能對各種身心科常見的問題有更深的認識與理解。這本書的作者彙整非常完整的身心科常見疑問與迷思，提供非常清楚好懂的說明。書中透過插畫的方式，簡明扼要的解釋每個主題，讓讀者即便尚未能細讀，光看圖解也能理解主要重點。

作者在書中運用簡單好懂的譬喻來解釋，情緒投射對想法與生活的影響，並提出許多包含例證的具體解說，相信能讓讀者對於情緒的覺察有更多的認識。書中的觀點，相信是很多身心科醫師的臨床體悟，也是不斷絮絮叨叨對個案說的，那就是，不論是焦慮還是憂鬱，都只是情緒「感冒」了。而這「感冒病」的背後，是由於我們擁有錯誤的自我認知、錯誤的行爲習慣、錯誤的自我相處模式。而解藥，就是重新建立起正確的系統，學會接納自己、欣賞自己、認可自己。這本書應能幫助讀者從錯誤的認知中重新跟自己相處，溫柔的對待自己。

另外作者也在書中介紹各種生活中常見的焦慮，如：對身體的焦慮、關係中的焦慮、家庭的焦慮，並且提出了許多非常實用和清晰的方法來處理這些焦慮。讀者可試著在書中找到許多緩解焦慮的有效建議，正如書中所陳述的，焦慮或許並不會消失，但我們可以找到與之共存的方法。就像作者所說，改變焦慮最好的方法是調整你現在正在做的事、正在想的內容。如果你也希望自己的焦慮能夠一天比一天少一點，那麼或許從今天開始，你可以調整自己面對焦慮的行爲，慢慢地，找到情緒的平衡點。

書中關於陪伴者的部分也非常適合身心個案的家屬閱讀，希望這本書可以讓讀者在面對身邊親友經歷各種情緒與生命困頓時，更願意擔任起陪伴者的角色，試著理解地、溫柔地照顧著其他人，也更多點同理。

希望讀者在閱讀這本書的時候，不管你經歷多少生命的苦痛與哀傷，都能從作者的文字裡找回對生命的美好品味，讓本書共鳴你的焦慮憂傷，用文字給你一個溫暖的擁抱。這本書，能給覺得獨自對抗世界的你，多走一天的力量，並用更溫柔的方式對待自己。我們雖然總是無法避開生命中的沉重與無奈，但卻可以選擇如何對待自己與生命的態度。

中國醫藥大學附設新竹醫院身心科醫師
鄭映芝

林佩芸序：
當精神科遇到法律

本身爲法律系畢業背景，目前從事法律實務工作，日常的工作不外乎是聆聽及參與民衆大大小小的糾紛，並盡可能協助在法律的框架下給予一個判斷。但每件事不一定眞的都有標準答案，也並非總是非黑即白，各自立場不同，解讀事情的角度就不盡相同，就算得到法律面的判決結果，心中的煩憂也不一定能煙消雲散。來到這裡的人，似乎都是因爲紛爭無法解決，希望能藉由公正的第三方給予一個仲裁或判斷，但法律的效果有其邊界，眞正重要的是，你能不能了解自己眞正在乎的事情到底是什麼？工作、學校、家庭、愛情、親子關係，身處在複雜的社會結構中，面對各種紛擾的情緒及各式各樣的資訊，焦慮的情緒似乎非常容易在心頭縈繞不去，但情緒其實就是大腦對於事物的反應，焦慮或開心都是一種基於過去生活經驗所以產生的反應。

本書借重兩位經驗豐富的精神科醫師的專業，介紹了焦慮等情緒的常見成因，並佐以諮商時所遇到的個案分享，以輕鬆好讀的文字匯集成本書。我雖非精神醫學專業，但工作上卻經常面對濃烈的負面情緒，身爲本書作者中唯一不具備專業精神醫學背景的門外漢（笑），想利用書裡面的幾個篇幅與各位讀者分享自己對於情緒的淺見，並希望可以跟各位讀者站在同一角度，試著了解各種情緒的成因並面對它們。

期許我們都能在紛亂的生活裡找到自己的定位，能夠從容的與自己相處，包含情緒及每一個部分的自己。

林佩芸

謝季玲醫師序：
自我洞察、關係處理，
才能跳脫情緒惡性循環

很榮幸受到劉醫師的邀請，讓我在本書分享自己的一些淺見。

在診間遇見前來尋求幫助的人們，除了探索造成他們困擾的主訴症狀，前置的背景脈絡也需要被好好地看見。看見情緒與想法的關聯，摸索出想法與行爲模式如何互相影響，提升了對自我的洞察，我們才有機會嘗試跳脫反覆帶來困擾的惡性循環。

焦慮症狀確實令人不適，但我們也不妨把焦慮感受看作大腦給我們的一種「提醒」一提示我們需要改變、需要喘息，需要從習以爲常、日復一日的生活裡做出調整。我小小獻醜的五篇文章，談的不外是「關係」，卻也是透過處遇人際關係探討我們如何聚焦在自己能夠採取的具體行動。

從尋找伴侶，我們看見如何檢視自己的需求、滿足需求，也學習親密關係的生命週期，並認知自己在關係中好好照顧自己、好好照顧對方的責任；然後借用小故事做引子，闡述健康的溝通技巧，也希望讀者牢記於心，處處受用；再探討親密關係出現裂痕時，以臨床的觀察歸納出可能的心理狀態變化，並重申照顧自己是恆常不變的首要任務；也分享從社會習俗與傳統文化的觀點，理解家庭角色扮演和關照個人需求皆有其必要。

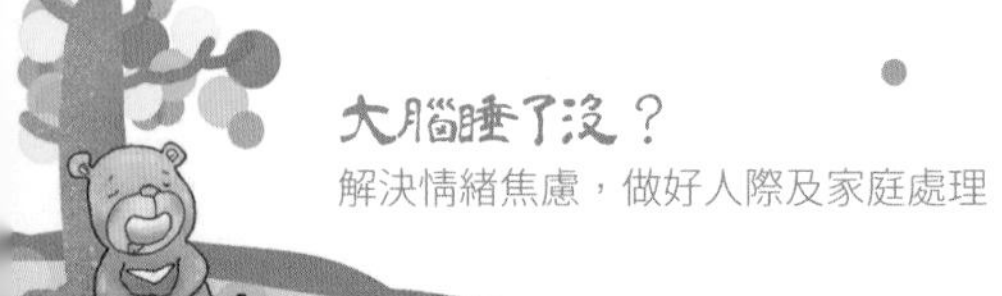

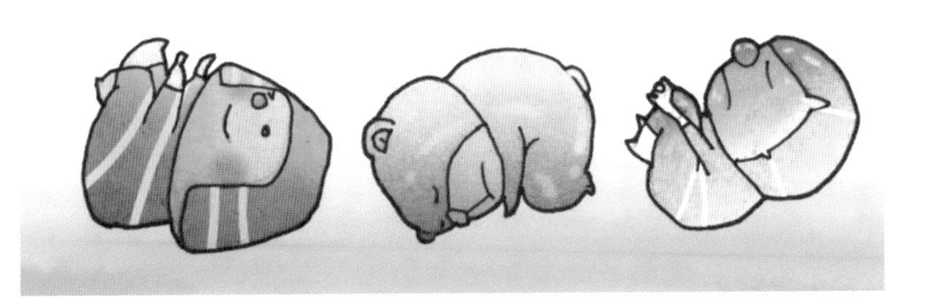

以上所觸及的是診間日常所見，也希望拙作可以爲讀者帶來開始觀照自我、正視焦慮，並且賦予自己改變契機的可能。

祝福大家，看見焦慮的同時也對自己溫柔以待。

柏樂診所主任醫師
謝季玲

劉貞柏醫師序：

改善失眠第四部曲——大腦睡了沒？

我的第一本書《睡眠關鍵50問》解答失眠焦慮民眾的問題，第三本書《睡覺也需要練習》裡面，我列出步驟與方法，從五大層面鍛鍊大腦潛意識來強化正念，讓心靈變健康！

第二本書《請問醫生，我的孩子有問題嗎？》透過解析，幫助徬徨無措的父母，父母能量足了，孩子自然有機會改善行爲問題。

本書是我的第四本書，《大腦睡了沒？解決情緒焦慮，做好人際及家庭處理》從腦科學角度剖析大腦與情緒的關係，另從心理層面剖析焦慮來源，包括生活、工作、人際、家庭等。**也許我們無法透過分析讓這些焦慮跟壓力完全消失，但卻可以因此增加心靈潛意識對這些失眠焦慮的抵抗力！**

爲了讓親子有機會一起翻閱這本書，書中配有我手繪創作的「歡樂森林」動物角色。部分圖案摘錄自第三本書《睡覺也需要練習》的黑白稿插圖。繪製插圖的過程也讓我在繁忙之餘舒壓療癒，推薦給大家。

《大腦睡了沒？解決情緒焦慮，做好人際及家庭處理》的共同作者謝季玲醫師，是長期合作的夥伴，也是柏樂診所的主任醫師。她將看診經驗跟心理治療的深厚功力融合在文章中，帶給我很大啟發。另一位共同作者林佩芸，成大法律系畢業，是我家族的優秀成員，在本職之外偶爾協助我撰寫心理衛教的相關文章，內容豐富有趣。從她們年輕一代的視野剖析，常帶給我不同的角度思考。

我常在夜深人靜的片刻整理書稿，平和的氣溫，沉澱的氣氛；又或是寧靜的午後，和煦舒適。但這些都不是最重要的，最重要的是：可愛淡定的老貓「喵喵」陪伴著我，待在同一空間內平靜地彼此相處，牠待在窗邊小桌上好奇地睜大眼睛看著外頭，安靜無聲，慢慢瞇上眼睛就呼嚕打瞌睡。我整理桌上資料，時而轉頭看看牠，摸貓吸貓，光如此便能給我許多溫暖能量跟微笑回憶。

承接這一大段過往美好，希望透過本書，也能傳達這樣的能量跟氣氛給大家。

柏樂診所／雅歌身心診所院長

劉貞柏

目錄

PART 1
認識你的大腦與情緒

PART 2
認識焦慮與釋放焦慮

PART 3
不要抱著焦慮工作與社交

PART 4
調整情緒，家庭更美滿

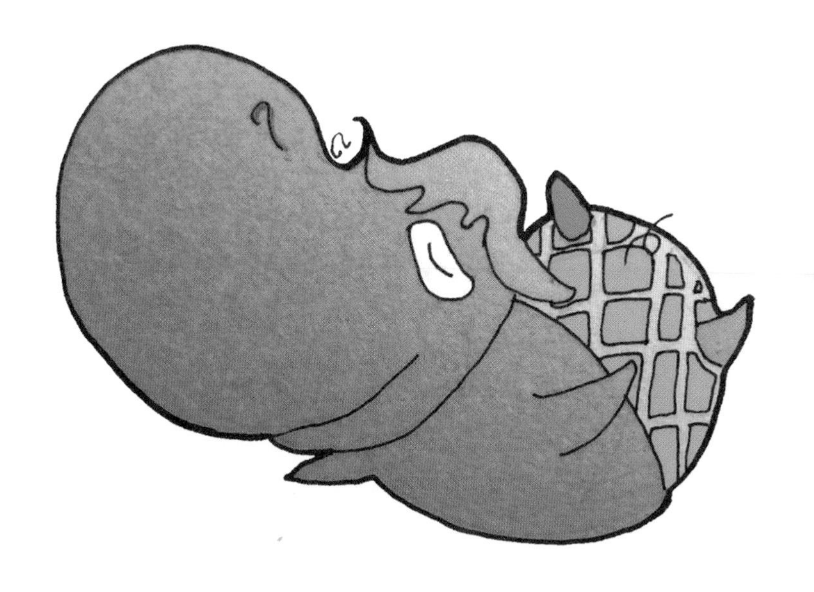

PART 1
認識你的大腦與情緒

1.1 失眠焦慮動不動跑醫院，怪我囉?!

「健康」不僅指生理機能，心靈健康便經常被忽略，身心都健康，才有美滿人生。

全方位的健康應該包括正常生理機能、穩定的情緒思路，還有和諧的人際關係，組合成一個穩定而快樂的生活型態。

醫生……我全身不舒服

「醫生，我膝蓋痠痛，心臟也不好，身體毛病一大堆。」一位年逾八旬的老婆婆拿著一堆藥袋向我抱怨著。

「那妳有沒有看醫生，做檢查？」我問道。

「有啊，我什麼科都看了，藥也都有在吃，但還是全身很不舒服啊，於是他們叫我來看身心科。」老婆婆認真看著我說道。「我腦袋清楚得很，我沒有病。」

「我理解，有時候是輕微神經衰弱，有時候是長期失眠造成，有時候也跟緊張焦慮，想東想西有關。這個都不是一般內科可以改善的。」

看看病歷，老婆婆各項檢查指數都正常，不過吃了一大堆藥，症狀也沒有改善。漸漸地，老婆婆開始吃不下、睡不著，這痛那痛，整天胡思亂想，最後動不動就跑醫院甚至掛急診。家人不明白，還責怪老婆婆沒事找事——這種情形就是患者跟家屬都忽略了「心靈健康」的緣故。

很可能，你忽略了心靈這一塊

其實，許多人只注意生理機能的健康，抽血驗尿也只專注在各種生理檢查指數上，而忽略掉其他環節，這樣並不是眞正的健康，因爲「心靈健康」被徹底忽略了。

想想，很多人年輕時爲了打拼事業以及照顧家庭，光是爲了一求溫飽就忙碌不堪，根本無暇顧及健康。中老年開始，生理機能走下坡，於是開始四處尋醫、甚至迷信偏方、亂買補品，平白損失金錢也毒害肝腎。也有很多患者生理機能正常，邏輯思考也不錯，但個性越來越固執、生活也變得獨來獨往，三天兩頭到醫院看門診，每次見到醫師都有說不完的話，抱怨全身不適。

他們，很可能都有身心科症狀。

身心科醫師可以幫助你

這群患者即使沒有明確的憂鬱或焦慮症狀，但透過會談仍能感受到他們明顯缺乏心靈的自覺跟心智反省的能力，這些都無法靠檢查儀器測量，卻對個人及其家屬的生活品質造成很大的影響。

針對心靈健康部分，可安排個別或團體心理治療，由專業心理師帶領，逐漸培養心智能力、討論生命議題、增進人際互動技巧。團體成員之間也能給予同理支持，讓彼此抒發心情。

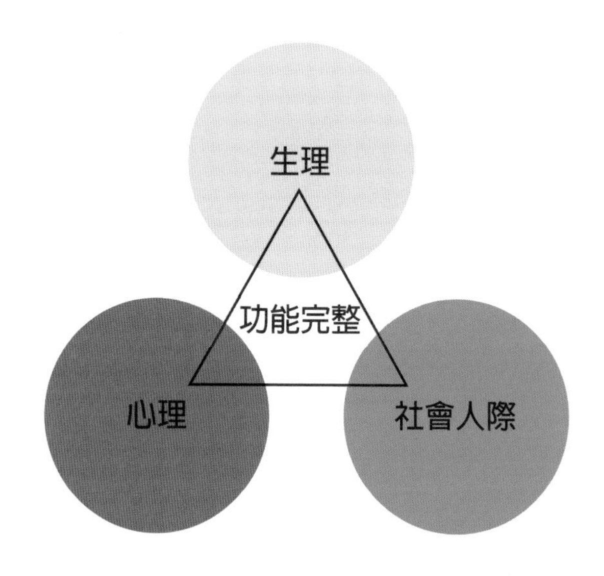

身心科特別著重在生理、心理還有社會人際功能的完整

「醫生你說得對，好像我都是想事情的時候身體特別容易不舒服。」

「妳的不適感並非憑空想像來的，確實神經緊繃容易放大疼痛感，讓小痛變大痛，短痛變長痛。適當的大腦紓壓可以舒緩神經，間接改善身體症狀。」

門診醫師除了會談諮商外，也會開立適當藥物，整合身心靈各個面向，提供專業建議。除了提升患者個人生活品質外，也讓周圍親屬在照顧上能夠事半功倍又安心。

阿柏醫師溫馨提醒

1. 身體長期有多種不舒服可到醫院做檢查。
2. 做過檢查若報告一切正常可看身心科。
3. 全身上下十種症狀，但不太會生十種病。
4. 對症下藥身心平衡，十種症狀可好一半。
5. 身心科除心理問題還包括腦神經的改善。

1.2 睡好，睡滿，讓大腦深層睡眠並不難

告訴你什麼是快樂食物、憂鬱食物，還有快速入眠小撇步！

失眠狀態可能是不易入睡，或是很難維持較長時間的深度睡眠，像是過早清醒或是睡眠中途醒來。失眠一般會伴隨著白天精神不振、嗜睡或憂鬱等症狀。

爲什麼失眠找上我

大家或多或少可能都有失眠的經驗，一場高品質的充足睡眠對有些人來說可能都是奢求的。那麼，爲什麼會造成失眠呢？

- 環境因素：若睡眠環境中有噪音、氣溫過高或過低、光線刺激等，都可能影響睡眠。
- 心理因素：工作壓力或生活焦慮，睡前腦中仍然盤旋著白天的煩惱。
- 生理因素：像是旅行的時差，生病時咳嗽或鼻塞也都會影響睡眠。

「快樂食物」讓你健康又好眠

失眠如此難受，綿羊都數不完，那麼該如何改善呢？最簡單的方式便是先從飲食下手。**「血清素」被稱爲快樂荷爾蒙**，它與我們的情緒、食慾調節有關，能讓人適度放鬆、心情愉悅。而富含這些營養素的食物可以稱作「**快樂食物**」，適量的攝取也能幫助舒解壓力。

・黃豆製品

這些食物**色胺酸**含量高，色胺酸是製造血清素非常重要的原料，可以多攝取無糖豆漿、豆腐等來補充所需要的色胺酸。

・深海魚類

這類食物富含Omega 3，具有抗發炎、預防心血管疾病等功效，也是天然的抗憂鬱物質。深海魚像是鮭魚、鯖魚、秋刀魚、等都富含Omega 3，其中的EPA（一種功能性脂肪酸）對抗憂鬱極有幫助。

・深綠色蔬菜

深綠色蔬菜富含**膳食纖維**，有助於維持腸道健康，像菠菜、空心菜、地瓜葉等。

・堅果

堅果中含有**鋅、鎂、鉀、錳**等，鋅與鎂也是合成血清素的重要物質。

·雞蛋

雞蛋是非常方便取得的食材，也有千變萬化的料理方式，除了富含色胺酸及多種維生素、礦物質，也是優質蛋白質的來源。

「快樂食物」讓你身體好又睡得著！

小心！踩到「憂鬱食物」的雷區

色胺酸能調節血清素，減緩神經活動、引發睡意。另外像是含有維生素B群、鎂及鈣質的食物也可以多吃。反過來說，也有所謂的「**憂鬱食物**」呢！

·高油、高糖分飲食

這些精緻食物可能在吃下的瞬間會讓人產生心情愉快的感覺，但只能短暫滿足口腹之慾，卻會帶給身體更多壓力，也無法獲得較好的營養素。

·吸菸、飲酒

刺激性飲食會使神經亢奮，對睡眠和身體都有危害，所以應該攝取對的食物搭配適當的休息及運動，方能穩定睡眠和身心品質。

快快入眠小撇步

·睡前不要使用3C產品

3C產品中的強光會直接進入眼睛，使得褪黑激素分泌量減少，降低睡眠品質。睡前使用3C產品觀看社群媒體，也無助於睡前的放鬆。

·將明天要做的事情提前寫下

有時候就算躺上床了，我們的腦子裡還是有一堆想法跑來跑去，「明天要記得去銀行」、「明天要記得帶

山姆學校需要的彩色筆」、「明天會議中要用的資料要記得再確認一次」。不妨在睡前寫下明天的待辦事項，告訴自己剩下的事情都留給明天了，將今天的事情劃下句點，現在需要的就只有充足的睡眠來面對明天。

・打造專屬的睡眠環境

臥室就是睡眠的場所，試著不要在房間處理工作或處理睡眠以外的其他事情。也要避免可能導致失眠的想法，例如：「晚上會不會睡不好」、「睡不飽怎麼辦，明天可不能遲到」，若是當下眞的睡不著也沒有關係，試著起來走一走，看一會兒書或是伸展一下，等到有睡意了再躺回床上也是可以的。

・不要因爲上述方式效果不好就不去做

很多民衆看了上面的建議，都說：「這個沒用，以前都試過了。」但不要忘記：「雖然最有效果的科學方法就是藥物，但你就是爲了想要減少藥物，或者不想吃藥，才去試其他方法，不是嗎？」所以想繞開藥物當然很好，但既然如此，就要安心、耐心、靜心地去實行喔。

阿柏醫師溫馨提醒

若睡眠狀況持續不佳，且在**一週內超過三天並且持續失眠兩到三個月以上，影響白天的生活作息**，這時就應該尋求專業的協助，讓專業的身心科醫生協助找出睡眠障礙的原因。

1.3 大腦忘了找零錢：大腦記憶與投射心理

雙方之所以堅持己見，通常不是由於惡意，而是選擇「相信自己的記憶」。

之前花蓮東大門夜市發生「地瓜球之亂」：客人上網爆料，投訴店家明明收過錢卻說沒有收，幾個小時後店家上網澄清並描述細節，說真的沒有多收。類似的故事，日常中也常發生。

記憶會出錯，就拿印象來補？

「地瓜球之亂」是日常生活中經常會發生的例子，所以網友感同身受，各站一邊，大量留言，引發討論。但網友討論留言時，大多憑的是「投射」：**把自己的內心、過去的記憶，當成對事實的判斷而給予支持或反對**，以前曾被店家冤枉過的，跳出來支持客人；當過店家並遇過奧客硬拗的，就跳出來支持店家——**但大家不要忘記：「記憶是有可能出錯的。」**

店家有可能記憶出錯，卻堅持相信自己沒錯；客人也有可能記憶出錯，並不是故意賴帳。誰會否定自己的記憶呢？因爲除了否定自己記憶之外，還要承認對別人做了不道德的指控，所以氣賭上了，就僵持不下！

靜下心來，大腦可能忘記了，再想一下，再找一下，再數一下，別急著指責別人，也讓自己變成壞人。

記錯了，接著還要給對方補刀！

此外，大家還會利用種種後來的情況證明跟支持自己的無辜：假如是客人眞的忘了付錢，店家後來也算了，客人就更加覺得店家有鬼，乃至是故意冤枉自己，影響所致，將來更不信任店家；假如是店家眞的忘了已經收了錢，客人也默默又掏出錢來，那店家就記得這是個奧客，就是想矇混。

一樣的事情，當然也會發生在診所。我已經看完診開好藥，健保卡還給患者，眼睜睜看著他把健保卡收到皮包裡，但患者站起來就說我沒有還他健保卡。當然啦，這種事情比較單純，醫師絕對沒有理由扣留健保卡，我也從未把健保卡從讀卡機抽出後，放到別的地方過，就算我不相信自己的記憶，也知道自己工作的習慣，是不會把患者的健保卡放到別地方的。而患者也沒有懷疑醫師的理由，就算他的記憶裡面認爲醫師沒有歸還健保卡，但完全不會想到醫師有侵占健保卡的可能，所以提出的要求只有索取，不會有其他的懷疑。

這時候我就請病人坐下來，請他找一找，找找錢包、找找口袋，大部分幾秒鐘之內就找出來。有時候我確實也沒有注意到病人收到哪裡去，在少數的狀況下，真的要多花一點時間等待，病人翻遍皮包，最後還是找出健保卡。

在沒有互信的前提下，雙方都無法說服對方記錯而且也提不出證據，那就秉持善意，各退一步，不然真是失了記憶，又傷了和氣！

阿柏．醫師溫馨提醒

記錯的那一方，並非故意，也沒有說謊，而且腦海中依舊沒有正確的那段記憶。其實，大家記憶都有可能出錯，所以不要咄咄逼人，乃至出言傷害，甚至讓事端擴大、變成仇恨，大家都應該先心平氣和再來談。

1.4 失眠焦躁，情緒變差怎麼辦？牢記「PEACE」就OK

人一定會有情緒起伏，有時歡喜有時憂，先不要否定負面情緒，與它共存，效果更好。

2015年的3D動畫電影《腦筋急轉彎（Inside Out）》（IMDb 8.1分），故事敘述主角萊莉（Riley）腦中有五種擬人化情感，分別是：**樂樂**（Joy）、**憂憂**（Sadness）、**怒怒**（Anger）、**厭厭**（Disgust）、**驚驚**（Fear）。

大腦同時有很多情緒在攪動

《腦筋急轉彎》講述萊莉和家人搬往舊金山後，爲了適應新環境，於是產生了上述五種情感的心理變化。**這五種情感各爲一種角色，分別在萊莉腦中聚集開會，討論她生活中的大小狀況，這些情感會影響主人翁的重大決定，並匯集成核心記憶。**

其實，人類具有多種而且複雜的情緒，甚至對於單一事件也會因爲不同的變因或時間的變化而有不同的情緒呢。

「啊……工作好多又好難，怎麼辦？」（產生憂鬱情緒）

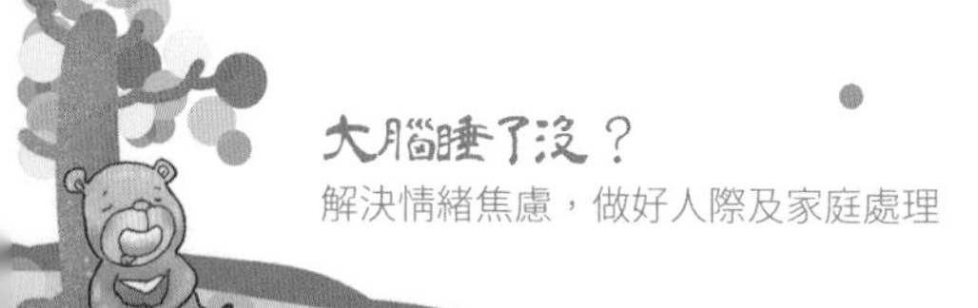

經過一段時間的努力以及同事們的幫忙後事態和心態改變了。

「呼……終於完成了，這次得到主管的稱讚，還累積了很多經驗。」（喜悅滿足的情緒）

情緒並沒有好壞之分，所以當憂鬱出現時，也不用把它想得太糟，**憂鬱就是面對不好的事情時相對的一種情緒反應而已，更不必勉強的想說自己就是太脆弱了才會這樣。**也許可以觀察自己在不好的感受出現之後的反應，試著與它和平共處，或許休息一下、出門散散心、跟朋友聊聊天吃個甜點，那個不好的感受就會煙消雲散。不過若是長期處在強烈的負面情緒中，甚至影響到了日常生活及身體狀況，可能就要尋求身心科醫生的協助了。

PEACE好好用，人生好好玩

身心科醫生提供了維持心理穩定的好方法，有個簡單的口訣可以幫助記憶：**PEACE（平和／平靜）**。

·Prepared and calming：做好準備

以平常心面對未知的挑戰，同時預做適當準備，這樣有助於冷靜沉著的應對。

·Enhance self efficacy：強化自我效能感

平時可以增加一些生活小目標，像是今天要洗好衣服、帶狗狗去公園散步等，預定一些可以掌握的小目標，強化自我效能感。

·Accept emotion：覺察接納情緒

察覺到情緒出現時，試著了解它，然後也試著接納這些情緒，並跟憂鬱的情緒共存。

·Change behavior：改變行為

·Engage in life：投入生活

（取自：鄭映芝醫師「身心科治療筆記與懶人包」粉絲專頁）

喔耶，PEACE！如何面對負面情緒、與它共處進而改變行為與生活，是可以練習的。

情緒就像大腦裡住了一隻貓

「醫生，情緒眞的好抽象喔！」病人在門診問我。

「用比喻的話，我們大腦裡面住著一隻貓。有時候半夜大腦睡不著，就是情緒這隻貓在搗亂。」

「一隻貓？」

「對，這隻貓在醫學上來說，就是大腦裡頭掌管情緒的杏仁核，是一個解剖構造。」

「這隻貓是我的情緒，所以我要常常安撫這隻貓，讓牠不要發脾氣，是嗎？」

「對，平常我們要把大腦照顧好，就好比把這隻貓的居住環境顧好，定期餵食，每天記得清貓砂。大腦顧好，這隻貓就比較乖。」

「把大腦顧好，貓就不會發脾氣了嗎？」

「有時候貓就會發脾氣，原因也不知道，除了安撫，就是想辦法處理。」

「想什麼辦法？」

「我們會東想西想，想辦法讓貓乖順，彼此相處變好。但說實在話，有時候貓在想什麼，連牠自己都不知道呢！**你只要記得，大腦裡面住一隻貓，就是我們的情緒。跟自己的情緒好好相處吧！**」

好好運動，好好休息，吃好的食物，維持一個好的興趣也都是投入生活的好方式。

阿柏醫師溫馨提醒

把大腦照顧好，情緒就不會亂發作。
下次當情緒來臨時，一起好好感受並面對它們吧！

1.5 遇到不會寫的題目，是動更多腦筋還是換下一題？

不要只是想像壞結果或拘泥在一個點上，要全面思考。面對問題，大腦便會激發更多潛能！

大腦「前扣帶皮層」負責決定人走哪一條路，如果你注重全局與事先準備，而非不可預測的後果，那麼大腦就會帶領你勇敢的邁向前去。

悲觀絕望時，會更一籌莫展

「醫生，我已經失業好幾個月，再這樣下去，存款就用完了。我現在自己養活自己，存款用完的話，就走投無路可能要睡在街上。」她越說越悲觀。「我現在身體這麼差，晚上睡不好，白天沒力氣，心情跌到谷底，怎麼可能找到工作？」

「上次妳說妳要找工作，找得怎麼樣？」

「我有上網填資料，面試幾次都沒有公司通知我上班。」

「現在不景氣，工作不好找，先不要慌。妳知道那些公司爲什麼不錄用妳嗎？」

「我不知道，他們要我在家等電話。可是沒有一家公司打給我。」

「所以妳不知道他們爲何沒有錄用妳？妳會想知道原因嗎？」

「會啊，我想知道。」她想了想。

「若妳想知道原因，妳應該做些努力，比如打電話去公司問，或者問週遭有求職經驗的朋友。」我鼓勵她。

擔心壞後果，不如事前準備

很多焦慮症病人的注意力集中在「後果」上面：工作表現不佳、心情沒有好轉、卡費沒有繳、身體沒力氣等等，注意力集中在後果的結果，自然會想要逃避。問題是：逃到哪裡去呢？若是不知道自己能夠用何種方法來逃脫困境，卻又不斷想逃，那麼心中感受到的，就只剩下「逃無可逃」的感覺了。

大腦裡頭負責決定走哪一條路的，是「前扣帶皮層」（anterior cingulate cortex, ACC），在心理治療領域，我們會引導患者避免重覆「悲觀性的後果」，而是**集中探討「遇到何種困難」，引導努力去思考接下來的步驟，而不是預測悲觀的後果**。臨床研究也發現：當人們聚焦問題的「困難點」時，通常願意花多一點努力去找尋解決之道；當人們只注意到問題的「後果」時，通常會先放棄，轉而尋找其他解決方式來避免「不好的後果」。所以，若要突破困境，就要「**集中聚焦在困難與挑戰，而不是老想著後果。**」

不要爲了一個難題，卻忽略其他送分題

用考試來比喻：碰到一個困難的算術，是集中精神、嘗試用更多努力來解題呢？還是選擇「避開」這一題，換下一題？很多人常常面臨天人交戰：一方面怕耗費太多時間解這一題，結果喪失其他簡單題目的答題機會；另一方面又覺得再多思考一下、只差一點就可解開題目了！

上述問題研究的結果是：如果注意到題目的難度，而認爲只差一些就能夠解題，那麼考試者就會多花精神在同一題目上面。**如果注意到整體目標是「從整張考卷當中盡量拿高分」，而不是答對最難的題目，那麼考試者就比較會選擇換寫其他題目。**

人生是一整張考卷，不要只陷在其中不會的一兩題，跳過去，人生只會更開闊！

「所以，我不要老是想著被公司拒絕，而是要思考怎麼增加錄取機率，對吧？」

「對啊！增加錄取機率可以有下列方法：提前熟悉公司業務方向、評估自我綜合能力、整理過去工作實績、練習面試問答、尋找同行前輩諮詢或引薦、保持專業內容與會談禮貌……光想這些，妳就忙不完了，哪來時間顧慮後果呢？讓妳大腦的前扣帶皮層帶領妳吧！」

阿柏醫師溫馨提醒

如果你忙著思考如何把事情做好並且將之付諸實踐，那麼人生就會充滿希望，更不會有時間去擔憂失敗。

本篇參考資料：Psychological Research, January 6, 2011。

1.6 大腦情緒標籤，關係到記憶力

大腦越認爲重要的事情，會記得越清楚，而大腦認爲重要的事，通常伴隨著情緒，情緒越強烈，越「銘心刻骨」。

喜怒哀樂深刻的事，總是叫人記憶深遠，因為情緒會增加記憶力，但有些人情緒激烈又波動頗大，這樣過度的負面情緒卻不會增加記憶力，反而會造成民間說的「神經衰弱」！

情緒促進記憶，但是太大會當機

「醫生，我最近容易失眠，白天記憶力變得不太好，說過就忘。」病人在門診這麼說。

「這可能是因爲你太焦慮的緣故。」就我的了解，這是一位長期焦慮的病人。

「醫生你是說，因爲我太緊張，想太多，所以造成記憶力不好嗎？」

「不要那麼快跳到結論啦！適度的焦慮會啟動大腦裡面的警報器，提醒你這個要注意，會讓你更集中注意力，某種程度上提高你的記憶力！」

我接著說：「它讓你上班的時候記得不要走錯路，出門鑰匙手機要記得帶，開會的時候不要講錯話。」

「這樣我記憶力應該會變得更好呀？不是嗎？」

「但是過度焦慮的話，這個警報器會『亂響』：正常你只需要注意十件事情，警報器亂響變成你要注意一百件事情，腦力不堪負荷，就容易丟三落四，忘東忘西。」

我接著說：「大腦去設定這個警報器，是自動化的過程。大腦覺得重要的，偏偏你不一定覺得是重要的呀！」

「那麼，大腦會覺得什麼東西是重要的呢？」

「**會被大腦認為重要的事情，通常是伴隨的情緒，尤其是強烈的情緒**。你就想像大腦會自動標定情緒標籤，好像在筆記本上面做標籤一樣，這一部分的記憶就會特別好。」

不重要的負面情緒，也會記得牢

「是喔，那我到底要怎麼增加記憶力？」

「以你現在的狀況，先藉由各種方法包括藥物來降低焦慮，把警報器的雜訊先關掉，真正重要的事情才會浮上來，你才有力氣去注意。」

我接著說：「換句話說，就是『保持心情平靜』，這樣大腦就不會亂貼標籤，可以好好整理記憶筆記本，替你標定重要的東西。」

「好吧，我會試試看的。」病人反問，「不過好煩喔，大腦爲什麼要亂貼標籤呢？我又不是故意心情不好。」

「**情緒無所謂好壞，喜怒哀樂都有它的意義**。我們在第一階段把警報器的雜訊暫時關掉之後，第二階段就要試著沉澱下來，看看大腦爲什麼要貼標籤在那些『我原本認爲不重要的事情』上面。大腦是我們的好夥伴，要練習好好跟它相處。說不定它貼的標籤其實有它的道理，只是平常被我們自己不知不覺忽略罷了。」

用好情緒增加記憶力

「醫生你曾比喻過，情緒好比大腦裡頭住了一隻貓，對吧？這隻貓可以幫助我們記憶嗎？」

「這次不同，我們要用不同的比喻。我們要把『大腦─情緒─思考』三個區分開來。」

‧大腦：負責呼吸心跳等生理反應，也會自動執行記憶固化的流程。

‧情緒：我們所感受到的喜怒哀樂，綜合起來的感受。

‧思考：就是我們想事情的內容，而有條理又具邏輯的思考，通常要依靠語言跟句子組合起來。

「這太複雜了。」病人說。

「你今天早上吃什麼？」我提問。

「我今天早上吃三明治，便利商店買的。」

「你回答我的時候，不是用語言思考，而是回憶早上吃早餐的情境，然後看到你手上拿的三明治。**這是大**

腦運作的部分。」我接著問：「你上次很開心地吃東西的時候，是吃什麼？」

「上週末我們家聚餐，吃日本料理，很開心。我記得很淸楚。」

「**這就是情緒標籤**，幫助你回想上周末吃的東西，很愉快的心情，加強你的印象。」我接著問：「你三天前吃什麼？」

「我想想，好像忘了。」

「因爲平淡無奇，沒有情緒標籤，於是忘記了。」

終歸一句話：大腦跟情緒都是我們的好夥伴，彼此學習好好相處，記憶就會改善。

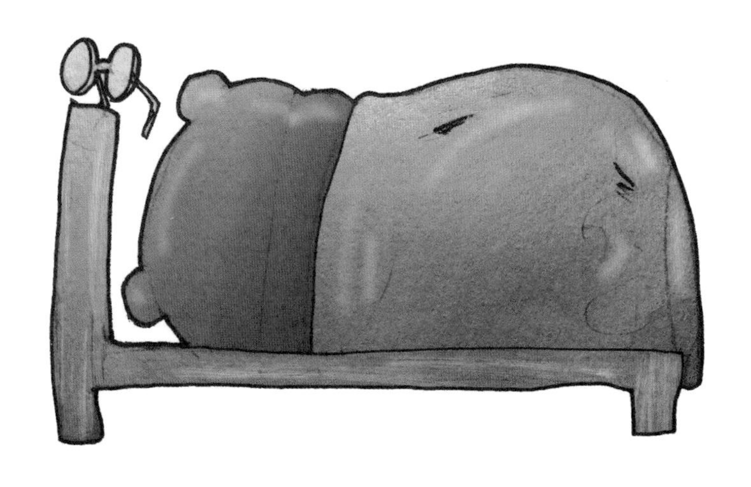

如果你記憶力衰退，卻惦念著很多繁瑣的小事，那就應該先降低焦慮，保持心情平靜，讓大腦降溫。

阿柏醫師溫馨提醒

好情緒、壞情緒都會牢牢記住，我們要清除躁動的壞情緒讓大腦休息，以愉悅的好情緒讓大腦活動，這樣人生便能快樂又成功。

PART 2
認識焦慮與釋放焦慮

2.1 焦慮到睡不著，原來是大腦杏仁核太活躍

焦慮不只是情緒問題，跟大腦也有關係密切，所以不要一直以爲自己精神有病。

工商社會，一個人往往同時要扮演多種角色，好像隨時都會被煩躁不堪的事物纏繞，焦慮的情緒也總是揮之不去，而且連休長假時也是這樣，為什麼？

有事沒事，我都很焦慮

「下週要期末考了，睡不著怎麼辦？我要起床念書還是繼續躺平？」

「明天就要上場比賽了！」

「老闆說下個月要跟非常重要的客戶開會，業績就靠這一次了！」

「孩子的成績總是上不來，是不是要找補習班？」

・一般性焦慮

遺傳與環境都可能是導致焦慮的原因，焦慮症也常常和其他精神疾病一同發生。焦慮的情緒不僅會影響心理，生理上也會出現像是頭暈、消化不良、失眠、肌肉緊繃痠痛等症狀，有些嚴重的焦慮甚至會導致心悸、喘不過氣等。

·廣泛性焦慮

持續且全面性焦慮，並不一定只針對某一特定的對象或情境。罹患此病的人常常承受不特定卻持續的憂慮和恐懼，對日常生活中的很多事情都過度擔心，它的具體表現是慢性的過度憂慮。

原來是大腦警報器杏仁核太敏銳

我們的大腦中有掌管恐懼的杏仁核，假如遇到危險了，腦中的杏仁核便會產生恐懼的感覺，好讓我們可以選擇逃跑或戰鬥，恐懼的感覺能幫我們度過難關，甚至激發戰鬥潛能。

但當杏仁核過度活躍時，我們就會變得無法準確判斷事情的風險程度，此時杏仁核就像是過度敏感的火災警報器，稍微的風吹草動便能讓我們感到焦慮恐懼不已。在過度焦慮的狀態下，我們常會高估壞事情發生的可能性，或是**出現災難型思考，並認爲自己一定無法解決問題，因而也不願意去做任何嘗試**，以致在遇到危險時僵在原地不動，而不是逃跑或迎戰。

面對焦慮有些小妙招

在焦慮爆表的情況下，忽視跟逃避是一種常見的反應，但是如果我們總是選擇忽視焦慮，或是追求更高的刺激行爲來掩蓋，像是抽煙、喝酒等，雖然當下會延緩焦慮的感覺，但下一次身體就會產生更大的焦慮反應，所以**正常飲食、規律的睡眠和運動，才是維持精神健康的根本方法**。

此外，當焦慮出現的時候，可以試試下面的方法：

- 觀察讓你焦慮的原因。
- 試著寫日記將煩惱寫下。
- 與家人朋友聊天抒發心情。
- 靜坐、冥想、瑜伽等較緩和的運動，可以幫助舒緩緊繃的肌肉。

焦慮可以自我調適，但若是長時間持續焦慮，甚至影響到日常生活，就應該尋求專業的身心科醫師協助。

焦慮比情緒更複雜

「醫生，焦慮這種情緒，就像是住在大腦裡面的貓，我們要常常安撫牠，對吧？」

「**焦慮比較特殊，不只是情緒，還常跟我們對事物的看法及思考方式有關**。如果貓表現得焦慮焦躁，就跟我們『對這隻貓的看法』有關。」

「這是什麼意思呢？」

「譬如一個學生上次成績沒考好，這次考試來了就容易讓他大腦裡那隻貓焦慮。但也許這個學生平常成績是不錯的，只是上次沒考好而已。」

「這是預期心理嗎？原本這隻貓並不焦慮，卻因爲上次考試成績的陰影，而影響到這次考試的心情，進而產生額外的緊張，是這樣嗎？」

「是啊！這隻貓本來並不焦慮，但因爲學生的思考改變了，認爲自己不夠好，得失心重，反而越來越焦慮。**原本只有30%的考試緊張，卻被負面的預期心理膨脹成90%**。原本情緒那隻貓可以順利熬過這次考試，但因爲一直去撩弄牠，結果得不償失，譬如一直問『我這次可以嗎？可以像以前考得那麼好嗎？還是會像上次一樣考砸了？』、『考砸了怎麼辦？我爸會不會生氣？同學會不會笑我？』」

把大腦裡的那隻貓安撫好，專心念書，成功取分，重新建立好的經驗，才是最佳的解決之道。

阿柏醫師溫馨提醒

焦慮是眞實的症狀，不是你想像出來的幻症，如果周圍的人都認爲你焦慮，那就請誠實面對吧。焦慮並非長期持續忍耐就會自動改善的，運動和深呼吸可改善焦慮，但不是絕對，進行專業諮詢跟藥物治療，能有效改善焦慮。

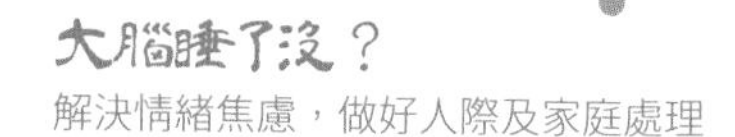

2.2 擔心到徹夜難眠，我好像生病了？

生病會感到不舒服，但過度擔心自己生病的心理也會造成不舒服。

關心身體的病痛是維持身體健康所必需，而且如果真的生病了，及早發現也能及早治療。但如果過度擔心身體健康的狀況，時刻擔心自己已經罹患某種重大疾病，致使工作與人際關係受到影響，且這種狀況持續六個月以上，這種情形就是所謂的「慮病症」。

慮病症的行爲

・過度誇大正常的生理反應

一有不舒服就覺得是生了重病，像是腸胃稍有不適就覺得可能是癌症，頭痛便擔心腦袋裡長了腫瘤。

・難以相信醫生的判斷，不斷地尋求其他醫生的診療

擔心自己生了重病，就算每次檢查都正常，還是無法放心，慮病症的人可能會覺得一定有病沒被診斷出來，到處尋求不同醫生的診療或要求醫生開藥，甚至接受不必要的檢查或醫療處置。就醫療端來思考，若是真的沒有生病，不斷的檢查及開立不必要的藥物也是一種

醫療資源的浪費。

「是無病呻吟還是真的生病了？」若是在各種檢查之下都沒有得到疾病確診的結果，而我們卻還是認爲自己生病了，那麼時間一久，身邊的親友或許就會覺得我們是在「無病呻吟」，除了影響人際關係外，甚至會影響工作，如此一來，除了身體感到不舒服外，也會因爲缺少旁人的支持與體諒，致使心理壓力與日俱增，甚至引發憂鬱等負面影響。

發生慮病症的可能原因

- 身體敏銳：只要有一點點不舒服就能很快察覺。
- 遺傳恐懼：爸媽或祖父母因病死亡，擔心自己也會罹患相關疾病。
- 事件干擾：近期有親友因故過世，害怕自己也會如此。
- 心理因素：認爲生病可以得到嘘寒問暖，或逃避某些事務。

有些長輩長期獨居，心想若是生病了，便可以接受子女的照顧或關心，到醫院也可以接受醫生及護理師的治療，因為出於被關愛的渴望，讓他們常常覺得自己生病了。也有可能最近遭逢重大壓力，想藉生病逃避這些壓力。這些都可能是慮病症發生的心理因素。

該怎麼面對慮病症？

‧不要過度依賴網路訊息

因為搜尋系統的便利，我們常常一生病便立即上網搜尋，但一般人並不具備專業醫療背景，無法判別網路醫療訊息的眞假，所以要儘可能只閱讀具公信力的醫療網站，避免過度接收雜亂且不知眞假的訊息來加深焦慮。

・建立良好的醫病關係

若是眞的感到不舒服，可以先尋求家醫科等値得信賴的醫師看診，專業的醫生會評估你罹病的機率，若是眞的有需要，家庭醫生也會協助轉介，或是轉診我們到醫院做更進一步的檢查。診療時也可以請醫生儘量解釋清楚，有相關的問題也可以請教醫生，避免誤解造成不安。

阿柏醫師溫馨提醒

關注自己的健康是必須的，但當對生病的焦慮持續不減，甚至影響到日常生活時，可能就是一種心理問題，應儘早到身心科看診並尋求專業醫生協助。

2.3 半夜爬起來整理雜物，心靈缺口誰來補？

心裡破了一個洞，想要堆放好多東西將它填起來，可以嗎？

囤積症（Hoarding Disorder），是一種強迫行為，指過度的收集並囤積物件，即使是不值錢、有危險性或不衛生的物品，不過也有些是屬於可能有用但是閒置的物品。

怎樣才算是囤積症？

「不能再買了，再買要剁手手！」這句話想必是愛購物的人都曾經說過的吧。每當逢到各種購物節、週年慶，每個網路平臺及電商都磨刀霍霍，消費者也估算著各種優惠，再加上COVID-19疫情的關係，因應隔離及防疫需求，民眾常囤積各種民生及醫療用品，這樣的行爲會不會是囤積症呢？

在2013年出版的《精神疾病診斷與統計手冊》（第五版）將囤積症定義爲精神科疾病，另Frost and Hartl於1996年，也對囤積症下了定義：

- 患者會大量收存或無法拋棄在別人看來價值不高或沒用的物件。

・居住的環境因收集物大量堆積而妨礙到空間原本的功能，並干擾到正常的生活運作。例如將臥室或浴室用來堆放東西，導致無法洗澡跟睡覺。
・不願意或無法歸還借來的東西，當界線模糊時，有時候甚至會演變為偷竊行為。

囤積症背後常有一個故事

產生囤積症的原因很多，通常會帶有心理層面的原因，若是認知到家人朋友有類似問題，可尋求身心科的引導發覺背後的因素。

・無法處理分離，例如親人過世或離開時無法丟棄他的相關物品。
・無法跟過去告別，惦念並無法割捨過去人事物的情誼。
・心靈有創傷，如失去、缺憾、空虛、不滿足等，轉化為以囤物來填補。
・覺得不丟棄物品是一種節儉的美德，但積存得太過度。

珍惜是人性，但更要懂得放手

「最近很煩，煩到失眠，家裡很多事。」坐在面前的她這麼說。「家裡有一臺放了二十多年的鋼琴，我從小彈到大，每次搬家都要帶著，但那麼大臺占地方，眞的沒辦法了。我搞不好有囤積症，東西捨不得丟。」她有些失落，有些難過的嘆息。

我對她說：「這不一定是典型囤積症，但有這種捨不得丟的心情是人之常情。過去幾年我在外地醫院服務的時候，有在宿舍頂樓種植松柏盆栽。後來搬回家裡，也把盆栽載回來放在陽臺，可惜陽光不足，長得不好。」

「那怎麼辦？」病人好奇的問。

「我也不知道，連植物都養不好，讓我很氣餒。」

嘆了口氣我繼續說：「不過能怎麼辦呢？房子的方位、座向就是這樣，就算我悶著頭花一大筆錢，找個陽光充足的地方擺放，盆栽是開心了，但是我不住那裡呀！」

「說的也是。」病人點點頭。

有時候拋不下、放不開，人就會有一種把東西帶在身邊囤積起來的心理，這樣可以減少無力保護它的內疚。

「抱歉抱歉，這是我自己的事。只是要跟你分享：**有的時候『就是沒辦法』，人事輾轉，『跟不上的，還是跟不上』，這時候也只能，輕輕地放下了吧⋯⋯」**

「醫生，你不會覺得很可惜嗎？」

「會啊，心會酸酸的，會失落，會感傷。但有些事情，就是沒辦法。」我對她說，也彷彿對自己說。

阿柏醫師溫馨提醒

人是有情眾生，適當的惜物、惜福、惜情是好的，但若變成自己和別人心理與實際的負擔，就可能有病症了喔！

2.4 成家立業焦慮：三十而立，還是三十危機？

不管成家立業還是躺平耍廢，都要先放下對現實和未來的焦慮，這樣才能看得清楚。

前幾年的戲劇《三十而已》，講述了都市女性在三十歲這一重要年齡時點，遭遇到多重壓力的故事。你也是劇外的女主角嗎？

傳統、歧視、比較，我不能當敗犬

孔子說三十而立，好像這個年紀就應該成家立業，對應著社會的期待，到了這個年紀，似乎也應該在工作上有所建樹、跟心愛的人結婚、買房生子，如果沒有，是不是就代表我很糟糕？

然而高等教育的普及讓焦慮的發生點往後延。在過去的農業社會，大家教育程度都不高，大多數人可能中學畢業就要出去工作賺錢養家。但在現代社會，許多人念完大學、研究所畢業後才出社會工作，二、三十歲的我們第一次離開校園獨立生活，第一次面對工作壓力，面對房租跟日常生活所需，往往就讓我們喘不過氣，更遑論在短時間內就有一筆存款可以順利成家。此外快速的通貨膨脹跟房價飆漲，也讓「成家」這個目標變得比以前困難許多。

要不要結婚？要不要生孩子？要不要買房？創業還是就業？躺平不好嗎？……你的焦慮，讓你更看不清楚自己、現況和未來！

「比較」，更是讓我們不斷焦慮的原因。打開社群軟體，A又換了更加體面的工作，年薪百萬；B在國外浪漫求婚，他跟女友似乎過著優渥的生活，IG上面都是我從來沒有吃過的美食；C也聽說要生二寶了……。但也許大多數看似光鮮亮麗的資訊都是「報喜不報憂」，對於PO文者來說就是生活紀念，但對看的人來說，可能會覺得大家都過得很充實，只有自己過得最糟糕。

少年耶，安啦！事情有那麼嚴重嗎？

其實不管要不要成家立業，會焦慮的人永遠都會焦慮，沒伴侶時焦慮孤獨，有伴侶時焦慮當無殼蝸牛，有房時焦慮孩子不健康，孩子健康時焦慮他不夠優秀……，所以最主要還是心理的問題，那要如何停止成家立業的焦慮？

- 停止跟他人比較，我們可能羨慕別人過得好，但也許在他人眼中，我們其實也過得還不錯。
- 如果覺得現在的生活枯燥乏味，可以勇敢嘗試新事物，不管是當志工或出去旅行，學習新的東西或沒嘗試過的運動都可以，先從容易完成的目標做起，以此建立成就感。
- 跟身旁的人分享你現在的煩惱，或許你會發現，大家都有不如意的地方，自己其實真的還不錯。

阿柏醫師溫馨提醒

你很迷惘嗎？躺平主義高喊「不買房、不買車、不結婚、不生育、不消費」，為何你不先靜下心來了解自己，給自己公允的評價和自信？

2.5 我失眠了嗎？常常睡不好就要吃安眠藥嗎？

失眠患者大多數有顯而易見的睡眠習慣問題，也許吃藥並非第一選項。

「睡不好」是常見的「現象」，不一定會造成困擾、症狀，也不一定會影響生活和精神狀態，當然，更不一定是「失眠」。

幾晚沒睡好就要吃安眠藥？想太多了！

「我最近常失眠，要去看醫生嗎？」朋友這麼問我。

「這要看你的狀況來仔細評估，包括就寢時間、眞正睡著的時間、第一次醒來的時間、睡眠深淺、睡眠品質、早上全醒的時間、下床的時間、白天的精神活動等等，所有生活作息相關都要仔細觀察。」

「我昨天整晚沒睡，應該很嚴重了吧？這需要吃安眠藥吧？」

「失眠是一個現象，這個『**現象**』不一定造成『**困擾**』，困擾不一定惡化成『**症狀**』，症狀不一定『**影響生活**』，就算影響生活也並非『**必須治療**』，而治療有很多種方式，吃藥只是其中一種，而且藥物也有很多種。所以『**睡不好不是光靠吃安眠藥**』解決，你從整晚

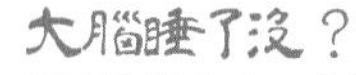

沒睡就跳到吃安眠藥，未免跳太快了。」

排除壓力造成的失眠

‧失眠經常跟壓力相關

失眠經常跟壓力相關，所以醫師會同時關心壓力，以及民眾因應壓力的方式，但大多數人會覺得誰沒壓力呢？所以選擇自我壓抑、否認壓力，造成問診時的心理阻抗。

‧不要忽視你的壓力源

壓力不只是抽象的心情而已，也經常跟實際工作內容直接相關。人遇到壓力，大腦會自動加強運轉以便應付狀況，但如果一直加快轉速，最後就會耗盡力氣，搖搖欲墜。所以遇到壓力時，更需要安穩的睡眠，停機休息後再準備重新開機。

‧建立良性循環，訓練大腦抗壓

給予大腦情境暗示，訓練大腦抗壓，避免自動進入負面思考，強化邏輯正念，讓思路清晰。思路清晰，大腦運轉流暢，自然不易淤塞，排除循環障礙，進而避免失眠或焦慮恐慌，情緒低落。

汽車遇到上坡路段，引擎就要拉高轉速，加強力量衝上去。人遇到壓力也是一樣，但如果不斷處於壓力狀態，大腦一直緊繃，最後精神就會崩潰。

其實，睡覺也需要練習

失眠可能是生理層面的問題，但更多時候是心靈和社會層面的問題。所以，透過心靈練習，也能促進睡眠安穩，進而活化心靈，重新認識自己，遠離失眠與焦慮的惡性循環，不吃藥也能好好睡，回歸正常生活。

「**心理、運動、活動、飲食、藝術創作**」分別代表大腦感知的不同向度，透過這五大向度的練習，可以達到以下效果，一步一步改善睡眠！

- 心理：認識內在心靈。
- 運動：與身體對話。
- 活動：跟環境周遭建立連結。
- 飲食：與他人產生共鳴。
- 藝術創作：以種種行動及作品表達及回饋。

阿柏醫師溫馨提醒

快節奏的現代生活，多變化的工作及人際關係，產生的許多壓力都藏在心裡，睡眠品質自然低落，要記得把心裡的灰塵掃一掃，抖一抖，曬曬陽光喔！
（詳細請參閱劉貞柏醫師《睡覺也需要練習：治療失眠從活化心靈開始，24週讓你一夜好眠》）

2.6 我得了憂鬱症？不要把這個標籤貼在身上！

有些事情你一定會難過，甚至很難過，但那不一定就是憂鬱症。

> 就身心科來說，重要的是改善症狀，是不是憂鬱症沒那麼重要，「病」這個字，多少有點負面的意思，不要老是想套上它！

誰坐輪椅、躺病床不會難過？

「醫師啊，謝謝你救了我。」這名男子坐在診間裡，不停向我道謝，回頭還不忘再告訴他太太一遍。「當初就是這位醫師救了我。」

「有那麼誇張嗎？」我笑說。

「有啊，那時候我車禍，整天坐輪椅，心情很差，都快要想不開了。」他轉頭對站在後頭的太太說。「好險醫生說我不是憂鬱症，不然我都已經坐輪椅了，還得憂鬱症，不就慘上加慘？」

是啊，遇到車禍，復原期要一年半載，當然會心情很差、會難過、會對未來感到焦慮、會內心感到徬徨無助！那麼，這是否就是罹患「憂鬱症」了呢？如果是，那麼照此邏輯，不就每個癌症患者都會「附贈」一個憂鬱症？因爲沒有比罹患癌症還要痛苦的吧？又譬如，遇到感情觸礁、事業瓶頸、家人傷病……難道這些就不夠憂鬱，「不夠資格」變成憂鬱症嗎？所以，並非難過就是憂鬱症。

心愛多年的狗狗過世，隔天就可以嘻嘻哈哈；準備多年的考試落榜，打從心底不難過——這樣才是反常吧？

接受人生的挫折，因爲那是一段故事

每當病人問我：「醫生，我到底有沒有憂鬱症？」我就會想，難道我能獨斷地「評價」患者的「傷心難過等級」嗎？交往一個月的女友分手，難道我可以認爲這時間太短所以「沒關係」、「不嚴重」，所以「不算」憂鬱嗎？所以，**「有沒有憂鬱症」不是那麼重要的問題，也不是很容易回答的問題。**既然如此，我是怎麼跟病人說的呢？

「你的故事，你的生命歷程都是獨一無二的，我們不要用『憂鬱症』三個字過度簡化。這三個字不會提到

你車禍多麼嚴重，你多麼想要努力復健，也不會提到你又是如何急著想返回職場，卻又如何受挫。**你的努力最後失敗，期待變落空，當然會有難過的情緒，會有內在的感受，這些是屬於你的生命故事，不是簡化成『憂鬱症』三個字就帶過。**」

「憂鬱症」三個字，不存在於醫病之間

「醫生你的意思是，就算我難過，心情不好，甚至憂鬱憂鬱的，也不等於我生病，是嗎？」

「我只是提供另外一個思考的角度，而不是說你有病沒病。我是鼓勵你跳過疾病的觀點，從另一個角度思考。」

「你遇到困難，吃不下睡不著，心情也很差，所以來找醫生看診，現在經過改善，吃得下睡得著，生活品質改善了，心情也平靜了。**精神科醫生關注這些正向的部分，不必關注前一段時間的你是不是病人，是否得了甚麼恐怖的病**。」

「醫師這樣說，我了解了。那為什麼病歷上有寫『憂鬱症』呢？」

「這三個字只是用來跟其他醫生對話、跟健保局溝通、做病歷紀錄的術語，對方只想摘要，我沒辦法在十秒內講完你的故事，所以要用術語溝通。」

我接著說：「基本上，這三個字不存在於醫病之間。我跟你的對話，從來沒有說過『最近你的憂鬱症怎麼樣啦？』、『你的憂鬱症有沒有好一點？』」

他點點頭：「也是。」

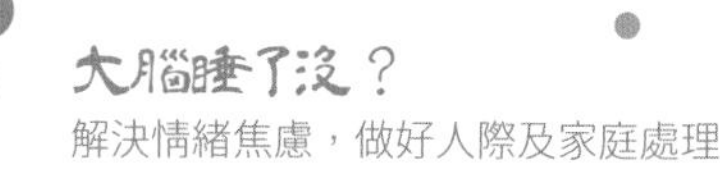

「所以，把專業術語跟醫病溝通的語言區分清楚，才不會想東想西，拿一個病名套在自己身上。」

他跟他太太都點點頭，道謝後微笑地離開診間。

阿柏醫師溫馨提醒

醫生都是問你精神好不好，改善得如何？會不會覺得自己很沮喪？問你的感受，你的心情，你的想法——醫生從來沒有用過「憂鬱症」三個字，所以病患也要跳過「我生病了」的思維窠臼。

2.7 放假焦慮：假日也失眠！你假日過得如何？

我們連觀看影片也都已經習慣使用倍速播放，這樣好嗎？

> 工作與休閒，在我們的生活中不斷穿插，休閒可以恢復精神與體力，用以面對更多的工作，但在現代忙碌的社會環境壓力之下，「工作到沒有休息時間」有時反而變成一種「成功」的象徵！

醫師、律師、CEO等都常忙到沒有休閒時間，因此讓人有「成功人士常常都沒有休息時間」的印象，乃至產生「沒有生產力的休閒活動，等於浪費時間」的偏差觀念。因此，我們在假日時，如果只是單純的睡覺耍廢，那等到假期快結束的時候，心中就不免會產生焦慮，總覺得是在浪費難得的假日時光，而且又好像有甚麼事還沒處理好！

休閒爲什麼要有罪惡感？

「醫師你建議我放假休息，避免長時間工作、大腦過勞。但我放假在家反而更焦慮，整天在想工作上的事情，人又不在現場，無法處理，反而更不安！」

「工作非你不可的部分，可以先處理，其它能由他人代理的，要盡可能交接出去；如果雜務纏身，那是公司作業流程需要優化；若你不上班公司就要倒，就該檢討制度。」

「我上次請假兩天，在家也無法放鬆，晚上也睡不好。」

「休養要隨遇而安，心境上的轉變需要時間，身體的轉變內化也需要時間。如果可以的話，再多請幾天假吧！」

收入減少當然是損失，但要知道，**多少老闆寧願損失一部分收入，也要換得自己的悠閒時光，畢竟，時間和健康才是無價的**。能花錢請人代勞，換得自己無所事事的浮生半日閒是福氣，但要跨過這道心理門檻也是需要修練的呢！

躺著耍廢的時候可以滑滑手機，看看臉書或是IG上朋友們PO的精彩休閒照，像是運動、登山、潛水、看展覽或是參加進修課程，跟他們一樣不是很好嗎？

事先規劃可以舒緩假日焦慮

如果實際度過的假日與期望落差過大，伴隨的心理焦慮將會使人更加無法放鬆，所以你可以事先做個規劃。

・寫下簡單的任務

不用覺得假日一定要完成什麼偉大的任務，或是要參加華麗的休閒活動才算充實，像是陪狗狗散個步，趁好天氣好好洗個床單並在太陽底下曬乾，與朋友約在咖啡廳閒聊一個下午都可以。在假日安排任何一個可以讓自己感到滿足，且容易達成的任務，可以避免因爲沒有達成太困難的假日目標，而感到心情失落。

・規劃下週的任務

另一個會產生假日焦慮的常見原因，是當收假回到工作場域時，會擔心假日所累積的工作會做不完，無法達到預期的工作進度，這種焦慮的感覺往往在週日晚間最爲明顯。所以，試著在週五先規劃好下週的工作行程，釐清有什麼待辦事項，就能減輕焦慮。

・維持期待感，等待下一個假日

也許在度過一個美好的假日回到辦公室之後，會令人感到心情低落，但下個週末很快就會來臨，不如期待並好好安排下一個假日吧！

假日焦慮雖然有很多成因，但短時間之內通常都能緩解，若長時間產生焦慮且無法自行紓解，那便要尋求專業的身心科醫師幫助。

阿柏醫師溫馨提醒

「趁錢有數，性命愛顧（1）」，「趁有，嘛愛呷有（2）」，工作和休閒必須兼顧，尤其假日一定要學會放心度假，這不僅關乎到事業、健康，也關乎到家庭和人際。

（1）賺錢要適時而爲，不可不顧生命。

（2）不要只知賺錢，該花用時也得花用。

以上參照《教育部台灣閩南語常用辭典》。

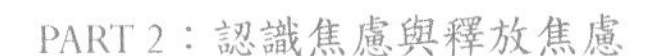

2.8 午夜夢迴，你愛的究竟是誰？

為何一味討好，卻總是得不到別人的愛？你全然忘了自己，別人也不會在意你。

每個小女孩都會憧憬成為童話中的白雪公主，遇上騎著白馬的王子，兩個人陷入愛河，從此在城堡裡過著幸福快樂的日子。但當愛來臨時，卻會發現，不是那麼一回事！

為了愛或被需要而不斷討好別人，對嗎？

小時候我們都以為自己將來會成為閃閃發光的大人，但長大後卻發現現實根本不像小時候想的那樣，各種糟糕事只會在生活中不斷上演，衰事就像骨牌效應（Domino effect）一般接連發生，然後哐啷一聲，人生就碎了一地，而這很大的原因在於——愛，要愛別人，還是被愛，還是愛自己就好了？

電影《令人討厭的松子的一生》，改編自暢銷作家山田宗樹的同名小說。故事講述女教師川尻松子，因為幫學生頂替偷竊罪名而被趕出學校。離開學校後的松子遇到了好多男人，從有暴力傾向的劇作家到嫖客、理髮師，甚至是變成黑道的當年行竊的學生，松子不斷追尋愛情卻又總是失敗。之後松子淪落為酒家女，甚至殺人入獄，晚年只能行屍走肉般地苟活著，最後在路邊被夜遊的不良少年亂棍打死。

松子怕孤寂，「爲了被需要，她不斷討好別人」。小時候父親的眼光總是落在生病的妹妹身上，當松子發現她扮鬼臉可以讓父親發笑後，便總是刻意扮鬼臉以得到父親的注視。之後，爲了討好男人，不管是暴力相向或是其他不合理的要求，松子也總是照單全收，**她認爲「被需要也是一種愛」，全然忽視了自己的需要，也看不見自己想要的，盡全力的討好別人。**

其實，過度討好別人並不健康

心理學家Braiker, Harriet B.著有《討好是一種病》（The Disease to Please），她在書中提到：「關於討好有一個很大的誤解，很多人會覺得它是一種良性的心理狀態，畢竟看起來，被當做好人總是不錯的，但實際情況是，很多討好者，已經不是簡單的取悅他人，而是無法控制地討好他人，下意識地犧牲自己，甚至對來自他人的讚賞和認可上癮。」

討好型人格並不會得到他人的重視，甚至會拉開與他人的距離，因爲對方根本不知道你想要或喜歡什麼，他總是忽視自己的需求，無底線地去討好別人，甚至會出現**「我對你付出這麼多，你也應該回報我」的勒索型思考**，也將自己的價值放在討好他人身上！尤其現在的通訊軟體擴大了我們被別人認可的範圍，我們重複刷著按讚數和追蹤數，期待著獲得別人的贊同——**「被人喜歡」這個需求被無限地放大，容易造成焦慮等身心問題，嚴重的話可能需要尋求身心科醫師的協助。**

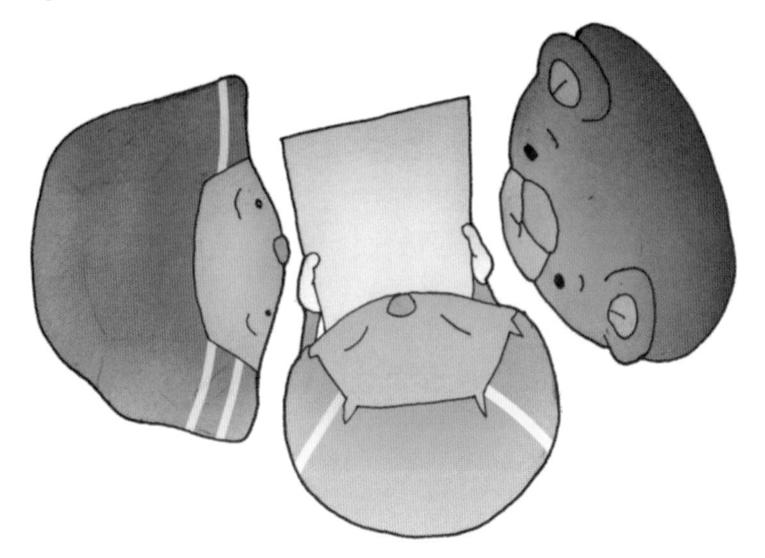

要認識眞正的自己，要知道自己需要的是什麼，要可以自我給予，所以要好好照顧自己，讓富足的自己再也不需要討好別人。

不斷探索、認識、接納自己

「可是醫生，我不是想要討好別人。問題是，誰不喜歡被他人接納，被他人喜愛呢？」

「你說的沒錯，人人都希望被喜愛。但核心在於，**你希望別人接納自己之前，要先接納自己；你希望別人喜愛自己之前，要先喜愛自己。**」

「自己喜愛自己，具體來說是怎樣呢？愛自己的優點，也愛自己的缺點嗎？」

「是啊，愛自己之前，要能夠清楚的認識自己：好的自己，不好的自己；強壯的自己，脆弱的自己；當然也包含優點跟缺點。清楚認識了之後才能接納自己，涵容自己的好跟壞，因爲無論哪種，都是你自己呀！」

「有時候我眞的搞不清楚我自己！好比上次交的男友，明明不是我的菜，卻還是在一起了。」

「所謂『認識自己』，是一個持續的努力，因爲自己不是一成不變的。」

我們可能會變得成熟睿智，也可能會變得衰弱退縮；好運當頭時會意氣風發，衰事罩頂時會嘆氣連連。總之，要不斷的探索、認識自己，並給自己最大的接納和支持。

阿柏醫師溫馨提醒

無論是透過自己思考、與他人互動，或者透過藝術與閱讀自我沉澱，都可以映照出自己的樣貌。當然，跟專業心理師一同解析自我，也是一個能有效認識自我的路徑！

2.9 拖延焦慮：新垣結衣的心靈武器

如果最終能完成任務，那拖延只是過程轉個彎，但如果變成逃避，那就不太好了。

熱門日劇《月薪嬌妻》由新垣結衣與星野源主演，大家可能沒注意到，其實它還有個副劇名：「逃避雖可恥但有用」。逃避是可恥的嗎？真的有用嗎？

明明知道很重要，卻還是一直在拖

想想學生時期，每當要交報告或是下禮拜要期末考時，就會想要開始做一些像是整理房間、倒垃圾、洗衣服等與讀書無關的事情。出社會工作後，當主管交代下週要繳專案報告時，就會覺得還有好多其他事項需要處理，像是整理報表、寫email等，主管交代的專案就先等等再說。

像這樣想要拖延的心情想必大家一定不陌生，**明明知道那是重要的任務，但卻無法立刻下手處理**，而且也知道，長期處在拖延狀態下會影響睡眠和生活品質，也可能會引發焦慮、煩躁等身心問題，更可能會出現罪惡感等情緒，最終誘發憂鬱症、暴食症等精神疾病，但就是會有拖延心理。

拖延的原因和類型

心理學家皮爾斯·史迪爾（Piers Steel）指出四個可能造成拖延的主因：

- 對成功的信心不足。
- 任務令人反感。
- 注意力分散和衝動。
- 目標和報酬太過遙遠。

《拖延心理學》（*Procrastination: Why You Do It, What to Do About It Now*）一書，更將拖延者分為幾種類型：

·適應不良的完美主義者

該類型的人對自身的要求很高，有時會因過度理想化而忽略現實因素，若達不到理想的目標就可能會因為這樣而責怪自己，甚至衍伸出「要不就做到完美，要不就乾脆別做」的心態而導致拖延。

·故意違背的反抗權威型

爸媽叫你趕快洗澡，不要再看電視了，心裡明明知道時間已經很晚了，再不睡覺明天可能會起不來，但卻為了顯示主控權在自己手裡，是因為我想要做而非他人的要求或命令，而故意拖延執行的時間，來顯示自己能夠控制整件事的進行。

·賴在舒適圈裡的黏人精

有些人難以獨自把事情完成，因此故意拖延，期待有人來幫忙拯救自己，這類人和團隊在一起時效率會比較高。

拖延有很多原因，當你產生拖延心理時，應該加以認清處理，但如果真的無法立馬處理時，讓腦袋暫時放空調整一下，也是一個方法。

拖延底下，可能藏著一股潛意識動能

「醫生，你這樣是鼓勵我拖延逃避嗎？」

「我只是說，拖延逃避有其道理。繞個彎不一定會距離目標更遠，像我文章寫累了，起來走動一下，甚至跑去看電視，再回過頭來寫說不定更有效率呢。」

「那我拖延不只一下，而是拖延很久怎麼辦？」

「你舉個例子。」

「我最近忙一個案子，遇到執行上的困難，有責無權，事情很難推動。晚上煩惱到睡不著，所以我就乾脆逃避，擺著不動有一陣子了。」

「你空下來的時間在幹嘛？」

「放輕鬆，休息聽音樂，讓心情好過一點。」

「其實，從心理動力的角度來說是這樣的：你應該忙案子但卻拖延逃避，跑去讓自己happy，對吧？」

「也是啦……」

「如果事情發展是：困難的案子終於執行完畢，你應該也是讓自己放輕鬆，休息聽音樂，讓心情變好，happy一點，對吧？你原本的目標就是過上舒適的生活，現在只是把任務擱著，專心讓自己happy，又有什麼不對呢？在心理動力的角度來分析，你不是拖延，甚至可以說是『你提早完成讓自己happy的目標』啊！」

「那我這樣豈不是變成懶散的享樂主義者？」

「大腦原本就設定成趨樂避苦的享樂主義呀！你事業有成賺到錢，難道不是專注享樂嗎？」

「不是不是，我要奮鬥努力，在這個案子上肯定自我價值並獲得成就感！我現在又有點動力要去做了。」

「那就對啦！透過剛才拐個彎的討論，理解自己拖延逃避底下的潛意識動能，反而強化了表層意識的行動力，負負也能得正，所以，逃避，可能是有用的。」

阿柏醫師溫馨提醒

適當拖延可讓大腦和情緒暫時舒緩，因而獲得休息、整理和緩衝，並累積處理問題的意識和力量，之後變得更爲強大回來解決問題，但是如果只是一味逃避就變成可恥而且無用的。

2.10 慣性焦慮：是關心，還是濫好人？

我們的焦慮可能來自過度關心，而過度關心又來自過度期待自己是個好人！

> 轉化焦慮的方法就是，認清焦慮背後隱藏的正面意義，譬如控制慾背後可能是愛與關心，但同時也要注意，過猶不及，別讓「愛」變成「礙」。

你可能不是焦慮，而是期盼更好

事業有成的企業主管，在看診時這麼說：「我好焦慮煩惱，擔心我的業績！我整天都在想公司營收，怎麼辦？」

「這些煩惱有變成負擔嗎？」我問。

「當然！這些思緒讓我下班後還一直在煩惱，腦中揮之不去的都是工作的事。」

這個主管真的很認真，對公司盡心盡力，「從你的描述，我理解你已經盡一切努力增加營收了，對吧？」

「這樣講沒錯。」他點點頭。

「有沒有可能，除了焦慮的負面意義外，還有正面意義？」我接著說。「例如，你過多的焦慮，是因為『你想要讓公司更好』，而不只是擔心業績變差，你是希望公司向上提升，畢竟你也是股東之一。」我刻意講慢一點，讓他慢慢消化。

「有可能。」他再次點頭。

「又好比，很多人煩惱家裡錢不夠用，但事實上已經足夠了，問題是，爲什麼要一直煩惱呢？追根究柢，不是錢不夠用，而是『希望家人能獲得更多幸福』這種心情。」我舉另外一個例子說明。

立意雖是正面的，但當它過於強烈、執著甚至躁動時，就變成負面的。

負面焦慮都包含著正面期待

學生擔心考試考不好（負面焦慮），不如說是「希望自己成爲成績更好的學生」（正面期待）。

父母擔心孩子上課不認眞（負面焦慮），不如說是「希望孩子更成熟、更有自信」（正面期待）。

「負面情緒裡面，都有正向的意義存在。」我這麼對他說。

「這個我理解。」那位主管點點頭。

過度期待我是個好人，那就焦慮了！

「那會不會在這種正面期待當中，也隱含著『我是個好人』的自我滿足，因而陷入長期的慣性焦慮當中？因爲我是好人，所以我關心公司營運，所以我抱持著正面期待，只不過表面上就成爲擔心，擔心業績變差，營收下降？」

「有可能。」

「醫生你可不可以多舉一些例子？」他表情看起來有點疑惑。

「好比你在路上看到有人闖紅燈，你可能很憤怒，認爲這些人不守規矩。表面上，這是負面情緒，對吧？」

「對。」

「那套用剛才的邏輯，你對交通或用路人的正面期待是甚麼？」

「……我期待交通更友善，用路人更守規矩，大家都遵守交通規定，整體環境就能夠更提升。」

「是啊，在這種正面期待之下，你是個好國民、有正義感的人，對吧？」

「我是沒這麼想，不過醫師你這麼說也有道理。潛意識裡面，我也希望能夠爲這個社會盡一份心力。」

「所以啦，若沉溺於『我是個好國民』的自我滿足當中，正面期待就不會消失，但相對的，負面的憤怒也會變成慣性，以後你看到有人闖紅燈，就會更憤怒，一直憤怒下去。」

當心「好人的壞情緒循環」

・我是好爸爸➡要持續關心➡要持續關心又不能老是掛在嘴邊➡變成持續擔心➡慣性焦慮的爸爸。

・我是好員工、好主管、好股東➡持續關心業績➡一直關心，一直擔心➡慣性擔心下去。

擔心、焦慮、煩惱，都是情緒上的負能量。久而久之，就困在裡面，**忘記源頭其實是：我想當個好人**。

來個正面情緒轉換練習

・父母擔心孩子（負面焦慮）➡希望孩子更好（正面期待）➡我真是個關心孩子的好爸爸➡一旦有這種滿足，這個心理狀態的序列就會保持下去。

・孩子晚上十點還沒回家，好擔心（負面焦慮）➡希望孩子跟朋友出去玩，玩得開心又安全（正面期待）➡我對孩子那麼好，真是個好爸爸。

阿柏醫師溫馨提醒

想當個好人，並不是錯誤；想當好員工、好爸爸、好老師、好學生，都不是錯誤。但是如果演變成慣性焦慮，心理負擔越來越沉重的話，可以尋求專業諮詢，將心理脈絡從頭梳理清楚，減輕壓力跟情緒負擔。

2.11 量身訂做的舒壓法：用討論代替建議

當別人傾訴煩惱時，不要急著建議怎麼做，而是逐步討論出對方認爲可行的方案。

回嗆？反擊？還是繼續忍耐，甚至把吃苦當吃補？其實最適當的方式是，以對方的標準為標準，持續討論可行的方案，這樣對方才做得到。

我被霸凌，他們要我反擊，好嗎？

「我好難過，在工廠被霸凌了！」她在門診一邊落淚一邊這麼說。「明明事情早已過去很久了，但對方就是懷恨在心。在公司狹路相逢時，好一點就是酸兩句，壞一點就扯開嗓子罵，整個氣氛很差。」

她接著說：「我感覺被孤立了，大家都不站在我這一邊，因爲我算新進人員。」在門診裡，她越講越難過，語氣也越來越淒厲。「忍耐多年，我從不回嘴，只是默默忍受。」

「妳那麼壓抑，除了現在來門診說，妳還會跟誰訴苦？」這是她第一次來門診，推測是忍無可忍又充滿負面情緒，最後才鼓起勇氣來掛號。

「我會跟我先生說，但他都用很兇的語氣，要我罵回去，跟對方吵架。」

旁人一味鼓吹衝突，除了陷入意氣之爭外，對當事人和現實狀況一點好處也沒有。

「反擊！」是遇到霸凌申訴時，最常得到的答案。

在外面受委屈，回家哭訴，然後家人就教他要如何如何；孩子在學校受委屈，爸爸就要孩子打回去，給對方好看；在公司受委屈，旁人就會說跟主管嗆回去，大不了不幹了；網友意見也經常建議以暴制暴，對方強勢自己就要比對方更強勢。**這種反擊的建議到底算好還是不好？少部分時候有用，但大多時候沒有從弱者的角度來思考。**

私底下咒罵對方，好不好？

「那我給妳一些建議，但不會勉強妳，『以妳認可的標準爲標準』，看看妳打算怎麼做，好嗎？」我對她說，她聽了有些猶豫，但還是點點頭。

「妳剛剛坐在這邊，一邊哭一邊罵，也算是一種發洩，對吧？」她點點頭。

「那妳能不能接受：即使妳不跟她面對面衝突，但偶爾私底下的時候，可以像剛剛這樣罵？」她稍微點點頭。

「以後沒人在家時，妳就大聲罵好了，如果罵一罵可以讓妳舒服些，不但讓自己好過點，以後在工廠遇到對方時也不會憋得那麼氣。」

「可是，這樣會不會有點奇怪？一個人對著空氣罵？」

當然，**要以對方的標準爲標準，才是可以執行的好方法**。我說：「那這樣好了，妳不要對空氣罵，對牆壁罵總可以吧？」她還是覺得有點怪。

「再換個方式：妳對著一張白紙罵，妳把這張白紙當作對方。罵不出口也沒關係，罵在心裡。」我拿著桌上的白紙給她做比喻。「如果還不夠，可以在白紙寫上對方的姓名，假如姓名太敏感的話，寫個姓氏就好，例如陳某某。」

「這我可能還是辦不到。」她一開始說可以，但我問了幾遍之後，她又猶豫了。

改成祝福對方，好不好？

這樣也沒辦法，我接著說：「不然這樣，妳有拜拜的習慣，那妳去廟裡跟神明說，這樣總可以了吧？」

「我很忙，無法經常去廟裡。」

「沒關係，妳心中有神，對妳心中的神傾訴也可以，不一定每次都要走到廟裡跟神明講這些。」

我告訴她，這只是宣洩紓壓，罵一罵會好過些，不然更誇張的，詛咒對方好了。她聽到我講這些，笑著搖搖頭，看來這些她都辦不到。

我說：「這樣好了，把剛剛的建議全部都丟掉，我再教妳一招：在心裡面替對方祈禱祝福。」

「祝福？什麼祝福？」她感到疑惑。

「妳就對心中的神明祈禱，祝福對方早日放下陳年舊怨。對方放下了，心裡平靜了，也不會再去找妳麻煩，雙贏！不是非得咒罵對方不可，換個方式，祝福對方也是可以的！」

她終於點點頭，找到一個她可以接受的方式，說回家願意試試看。

「等下次妳回診，我若想到新方法，再告訴妳囉！」這回合結束。

阿柏醫師溫馨提醒

只有對方認可而且能執行的，才是好方法。
用討論代替建議，才能找到最佳選擇。

2.12 心靈救難包：緊急時只會「呼吸—吐氣」還不夠

如常有焦慮症狀，可以把醫師開的藥物準備好隨身攜帶，才不會措手不及。

面對地震，你可能會先準備急救包；逃難，你可能會先準備救難包。
那麼面對恐慌害怕、焦慮失眠，當然也需要先準備好心靈救難包！

容易有情境焦慮，怎麼辦？

「醫生，我上次半夜在急診室裡坐立難安，又累又煩，感覺很差。」

心急如焚的你，儘管護理師五分鐘前才來查看過，但你卻覺得好像怎麼醫療人員都沒搭理你，雖然有點憤怒，但也束手無策。

因爲你知道，即使人在急診室，但掛號的並不是你，你是陪著家人來的，而且醫療人員都忙翻了，整個急診室的壓力極爲高漲又緊繃，包括工作人員跟民眾都是，怎麼還有空照顧你緊張的心情？理智上你知道要配合醫療，不要打擾，但因爲無能爲力所以又心急如焚，煎熬痛苦——**這時候除了深呼吸，可能還需要「心靈救難包」。**

你需要事先備好心靈救難包

平常的救難包裡面，最重要的物資就是：乾糧、水、手電筒、備用電源，一切都是能夠派上用場、熟悉並可立即使用的物資。同樣地，心靈救難包裡面，最重要的物資（藥物）也是如此，譬如激烈緊張的時候容易頭痛，那就需要頭痛藥；戴口罩容易過敏，那麼就需要鼻子過敏的藥……。

因此，如果你容易緊張焦慮、失眠恐懼；如果你在陪病椅上輾轉反側，大腦無法休息；如果家人確診，你會想東想西，無法放鬆，那麼你就需要**事先諮詢專科醫師，準備好藥物，隨時備用**，而不是不管它，任由焦慮泛濫。

隨身攜帶心靈救難包，除了緊急備用外，也會有安心的效果喔！

心靈救難包裡要是熟悉的藥物

重要提醒：事先就要熟悉藥物，緊急時才能派上用場，千萬不要準備一堆藥物，然後在半夜急診的陪病椅上才第一次吃你不熟悉的藥物！

又好比面試再會緊張，也不要在重要面試前**第一次**吃放鬆的藥。有人外出旅遊會認床，登山露營會睡不好，那也不要在陌生環境、資源不方便的狀況下，**第一次**吃你不熟悉的藥物。

阿柏醫師溫馨提醒

逃難需要演練，心靈救難包的備藥與服用也需要演練。

即時適當的藥物協助，可以讓大腦放鬆、睡眠安穩、增強應對力，那就更有能量度過難關！請就近諮詢你的醫生備好藥物。

2.13 心情安全地帶：每天五分鐘，創造自己專屬的空間

是任務眞的放不下，還是自己放不下？不要把自己一直囚禁在心牢裡！

學習調配任務，學習管理時間，當然更要學習適度放下，每天有個獨處的時間，讓自己放空鬆馳，未來日子才能走得更遠、更好！

總是放不下，無盡的牽掛

她手上牽著一個，懷裡抱著一個，一大兩小走進診間，短短幾分鐘會談因爲孩子哭鬧而被中斷多次。

「妳何苦這麼爲難自己？撥個五分鐘給自己吧！」我建議她將小孩留在外頭的候診室，讓陪伴來看診的丈夫照顧應該不成問題。於是她在診間獲得五分鐘暫時的平靜。

「我一回到家，這些壓力又會排山倒海而來，再度把我淹沒！」

「所以要創造專屬妳自己的『安全地帶』，例如妳剛剛獲得五分鐘的平靜。待會兒妳領完藥也不要急著走，看看書架上的書，滑滑手機，甚至發發呆，將這次的看診想像成妳的安全地帶。在這個安全地帶中，妳會暫時忘記煩惱。」

不想把自己逼向無法轉圜的死角，那就應該給自己留一個心情安全地帶。

「我知道你的意思，但我腦中就是會不斷浮現家中的煩心事啊！」她說。

「那妳要找個舒適的座位，**練習YouTube上的『韓瑞克森肌肉放鬆』。如果熟練的話，那麼至少妳能夠多獲得十五分鐘的平靜，十五分鐘的安全地帶。**」我鼓勵她。

許多人終日爲家庭與生活奔波忙碌，二十四小時擔任全職保母不說，還要擔任好太太、好媳婦。哪天想要回娘家當個乖女兒，還要冒著被親生爹娘叨唸的風險。幫襁褓中的孩子把屎把尿，孩子稍微大了就凡事叫媽咪；長大成人了做母親的還要擔心他們的工作婚姻，孫子出生幫忙帶……。有太多婦女被夾在這些情境當中喘不過氣來。

暫時脫離，片刻清淨，對身心很重要

若是職業婦女還能暫時忘情於職場，在上班時間偷罵上司、偶爾跟同事歡聚唱歌，從家庭生活中抽離片刻出來，短暫回到那個不屬於身爲媳婦、身爲妻子、身爲母親，完全的自己。

但是家庭主婦不能，當然那些幫忙家族事業或幫忙顧店的主婦們也不行。於是有些人憋出病來，憂鬱焦慮，身心失調；有些人熬夜只爲了等全家都睡著，才能看看自己的書，滑滑手機，翻翻過往的照片，然而更多的時間，是留給自怨自艾的自己。

每天至少五分鐘，找個安靜舒適的角落，手機放遠，門關上，燈關小，請家人暫時不要打擾自己，此時此刻，天地間，只有你自己。

阿柏醫師溫馨提醒

創造屬於你個人的安全地帶，每天至少給自己五分鐘，只要靜靜呼吸，讓自己陪伴自己。這個安全地帶能夠保護你，讓心靈澄澈、胸懷開闊。

2.14 生活比症狀重要：不管有沒有病，最後都要回歸生活

你應該思考如何好好過生活，而不是拘泥到底有沒有病、嚴不嚴重、會不會死掉？

> 如果你覺得不舒服，檢查卻沒大問題，那身心科醫師開的共同基本藥方就是：保持身心平衡，多放鬆、固定運動。

「醫師，我前兩天又暈了一下。」這位阿伯已經改善很多了，兩三個月才回來門診追蹤一次。

「你上一次暈眩是多久以前？狀況怎麼樣？」

「最近一次是半年前，那時候暈得很厲害，天旋地轉，甚至想要吐，要舉辦的活動統統臨時取消，躺在床上好幾天。」

「後來呢？有去醫院徹底檢查嗎？」

「去了，一切正常。」

「那我分析給你聽。」我說。

我有病嗎？三個狀況，一個重點

「第一個狀況：你實際上沒有問題，做再多檢查也沒有問題，但你就是有這個症狀，並且爲這個症狀感到困擾。那我們能做的就是跟症狀和平共處，除了藥物治療外，就是**保持身心平衡，多放鬆、固定運動**，並維持現在的工作、食衣住行習慣，一切按照現況就好了。」

「第二個狀況呢？」他問。

「第二個狀況：假如你現在有一個醫療問題，但這個問題沒有嚴重要到要大費周章去醫療，畢竟這是一般狀況，那麼你要做的事，除了吃藥之外，還是一樣，**保持身心平衡，多放鬆、固定運動**。」

「第三個狀況，」我接著說。「假如你有一個嚴重的醫療問題，但是現在並沒有辦法處理。例如，檢查發現你有一個潛在罕見的免疫問題，但現在的醫學只能藥物控制，無法根治。那麼在這樣的狀況下，你要做的是什麼？」

「嗯，我想想。」他想了一下說：「我應該定期服藥追蹤，然後還是一樣，**保持身心平衡，多放鬆、固定運動**，是吧？」

「沒錯！」果然長期下來的默契，他能夠輕易了解我的意思。

人生還有很多美好，不要陷入一個迷思

「如果你有立即需要治療的疾病，90%應該可以檢查出來，並且可以馬上幫你安排療程。但你檢查已經沒問題了，卻又爲一些症狀困擾，那麼無論身體眞實狀況

如何，無論是上述三種狀況的哪一種，要做的事情都是一樣的，這才是我們改善和促進生活品質的方法。」

■ 各種狀況的基本藥方

1. 沒毛病，但有症狀
2. 小毛病，但無大礙→吃藥
3. 大毛病，但無法處理→吃藥
4. 大毛病，可以處理→治療

＋ 保持身心平衡，多放鬆、固定運動

阿柏醫師溫馨提醒

生活比症狀重要，更抽象、更哲學一點的來說：你的人生目標是什麼？你想要的是什麼？你對生命的期許是什麼？既然想，就去做呀！

2.15 別人的憂鬱不是你的責任

我們不是醫生，沒有治療別人的能力和責任，
更不是神，不要攬起來自己痛！

心理治療不是光聊天而已，背後需要深層的專業理論和實務經驗、角色定位和會談結構等，這在在都是發揮治療效果的一環，不是單靠紙上談兵就能夠有所幫助，所以協助親人心理最好的方法，除了陪伴，就是幫他尋找適當的醫生。

男友憂鬱，我很焦慮！

「醫生，我男友最近心情很低落，長期失眠又憂鬱，我該怎麼幫他？」

「他有在看醫生嗎？」

「藥物、非藥物的TMS（經顱磁刺激）都有在進行，但病情反反覆覆。」

「除了醫師協助他之外，先前妳都怎麼幫他？」

「我盡量多陪他，也願意聽他說心事。唉，但有些事他也不太愛說，家家有本難念的經！」

「也對，妳就照原本的方式關心他就好了。一來妳不是心理專業，二來妳也不是他的心理師。妳的角色就是他的女友，從這個角色定位來關心他就好了。」

感情的需求交流，可以將之比喻爲兩家貿易公司互通有無。但今天對方公司需求發生變化，需要的不再是你原本賣出的水果，而是沙發，但你這邊又無法提供，怎麼辦呢？——不怎麼辦，因爲人非全能，總有能力不及的地方。但如果對方又非得要沙發不可呢？去找沙發公司調貨，再賣給他就好啦！

妳只能給他愛和協助，其餘交給專業

「醫生，你用這個比喻我大概了解。他需要專業治療，我無法提供，就幫他尋找資源。好比他需要沙發，我這邊沒有，就幫他找有賣沙發的商家。但是他已經在接受治療了呀！」

「沒錯。但我要說的是，妳這邊無法提供沙發販售，不是妳的責任，妳不需要承擔這個虧欠。他需要沙發，是他的需求，當他需要水果的時候，妳才能賣給他。」

他需要妳煮一頓好料時，妳用美食溫暖他的胃。
他需要妳給他一個擁抱時，妳用溫柔包圍他。
妳可以全力去愛，用二十四小時去關心，
但花費的力氣，不一定是對方需要的，
盡力就好，照現況就好，你做得夠多了。

親人伴侶朋友是陪伴關係，不是醫病關係，不要強迫自己，不然害了別人也苦了自己。

認清角色，放下焦慮

「我再幫他找有沒有別間沙發公司好了。」她這麼說。

「我用沙發是種比喻而已，如果妳男友其實需要的是非洲駱駝，妳有辦法嗎？妳已經做得很好了，他的困擾暫時放下吧！」

「如果他需要駱駝，我帶他去動物園看，那裡有很多駱駝！」

「很好的正面思考！再試試吧！」

男友如此，家人也如此。

喪偶的父母，需要的是伴侶的陪伴，而子女能提供的只是親子的陪伴，永遠無法取代失去的另一半。

朋友的陪伴，無法取代感情關係的陪伴。

哥兒們的陪伴，無法取代異性間的陪伴。

每個人的定位跟角色總有限制，個人能力也有限制，不要自以爲是地攬起來。

阿柏醫師溫馨提醒

對方不需要水果，你硬要給對方水果，通常對方會退貨而且拒絕付帳，如果還是執意如此，反而會產生彼此的裂痕和衝突，得不償失，還是讓專業來。

2.16 用科技儀器改善大腦磁場？心病終究還要心藥醫

精神症狀是生理心理兩項問題，無法只用科技治癒，也需要充分的心理輔導。

如果養育多年的心愛狗狗死了，用科技療法可以馬上忘記悲傷、大聲歡笑，這樣，科技好像沒有來自人性！對生命滋味的體會，或許更是人生歷程的意義。

新型態的「rTMS」重複經顱磁刺激術

「醫生怎麼辦？我的家人藥物愛吃不吃，偶爾有效、偶爾沒效。經常失眠，情緒也焦躁。有幫她找心理諮詢，談的時候明明很激動一直哭，講了很多心事。後來她又說不要再去了。我該怎麼辦？」

「我告訴你，現在有一種新的療法**『rTMS』重複經顱磁刺激術**，能利用磁場改善腦部情緒。」

「真的嗎？聽起來怎麼那麼神奇？」

「這是新科技，就是那麼神奇。在傳統治療『藥物』跟『談話』兩大方案之外，開闢了另外一條道路。」

「這是自費嗎？會不會很貴？效果到底好不好？」

「等等，先不要跳到結論。**這種新的療法，也需要**

和傳統療法相互搭配。但重點是，這並不是所謂的另類療法，是通過醫學研究實證的可靠療法之一。」

rTMS是被醫界認可的非侵入性療法，對「輔助」焦慮等病症有良好的療效。

我應該去「刺激」一下嗎？

「所以呢？我要馬上帶她去做這項治療嗎？」

「不不，先不要急。今天我提供你這個資訊，並不是『yes』or『no』，『要』或『不要』去接受這個治療，而是告訴你，現在有一個傳統之外的新療法，**目的是要鼓勵你，給你信心跟希望！**」

我接著說：「你想想，這種機器將來一定越來越進步，今年不去、明年還可以去。五年後、十年後機器一定比現在更進步，所以改善跟治療的希望越來越大！」

「所以呢？我真的很想知道：這個機器的治療成功率到底有多少？」

「我先把這個療法的資訊告訴你，資料你回去看一看，慢慢想，網路上也有資料。你家人如果有意願也讓她看一看，有興趣才會有信心，效果才會出來。」

科技介入人性？痛苦是必要的？

「醫師，我對治療其實還是很猶豫，無論是藥物或者機器治療。」

「沒關係，這是很合理的心情，或者應該說，本來就應該如此！」

今天如果有一種藥物，能夠讓失戀的人吃了之後立刻笑顏逐開，徹底拋下過去五年相處的點滴，與多位新對象展開戀情，這樣反而有點奇怪吧？又如，假如有一臺機器，能讓投資失敗的人立刻振奮精神，不顧破產的現實，馬上再將大筆資金投入新事業，這樣也有點奇怪吧？同樣的，**如果有任何一種治療方法，能立即有效地讓失去親屬的人不再哀痛，讓寵物過世的人不再傷心，以人性的角度看來，似乎都有點奇怪，甚至反常。**

科技不斷往前進，科學家也不斷研究各種「更有效率」的治療方式，但有反對科技療法的聲音也是合理的，甚至本該如此，畢竟這扭曲人性，讓科技主導自己的感受，讓人生充滿懷疑。

因此任何一種療法，都只是「尋求改善」的過程：改善10%，改善30%，慢慢改善，重新找回平衡。若將來發明能立刻改善100%的治療，反而要更謹慎使用。

阿柏醫師溫馨提醒

從對科技治療反思的邏輯，推論到現在的治療情境就是：

- 對治療要有耐心跟信心，目前沒有一針見效的治療。
- 治療先改善部分就好，過程中會逐漸發揮你自己的力量，找回身心平衡。
- 讓治療輔助你的生活，而不是讓藥物或機器控制你。

PART 3
不要抱著焦慮工作與社交

3.1 職業倦怠：遲到睡過頭你累了嗎？

上班上到懷疑人生，是抗壓性太差，還是身心已經高度彈性疲乏了？

每天起床都想要傳訊息跟老闆請假在家裡躺一天！公司裡多到數不清的工作、令人心累的客戶，以及愛八卦的同事，唉……真的好不想上班。

什麼是職業倦怠

職業倦怠（burnout）於1974年由心理學家Herbert Freudenberger首次提出，後來世界衛生組織（WHO）將其定義爲須同時具備三種狀況，否則也可能只是一般或暫時的疲憊：

- 覺得能量耗盡或精疲力竭。
- 專業效能降低。
- 與工作的心理距離拉長，或者對工作態度消極，或充滿憤世嫉俗之感。

職業倦怠並不是一種疾病，只是一種「心理狀態」，不過嚴重的話一樣需要尋求專業醫療協助。

為什麼有工作倦怠？

就像是被燃燒殆盡了一般，處在工作倦怠的人會失去對工作的熱忱，變得消極。也可能因為工作表現變差，因而懷疑自己的能力跟價值，如果長期處在倦怠之下，也會伴隨出現睡眠不佳的狀況，造成白天難以集中精神面對繁忙的工作。造成工作倦怠的因素如下。

◎與任務直接相關

- 承受無法負荷的工作量。
- 無法達到預期的標準，譬如自我或公司期待過高。
- 無法認同工作內容，譬如工作無聊、與個人特質違背、找不到工作的意義與價值。

◎與職場心理相關

- 在工作分配上沒被公平對待。
- 工作表現不能得到相對應的獎勵。
- 同仁關係不和諧，嚴重的可能會被孤立或霸凌等。
- 對公司報酬、制度、管理、文化不滿。例如欠缺薪資或職位的透明健全制度，或對公司整體氛圍與態度不滿。

有工作倦怠怎麼辦？

- 先試著找到倦怠壓力的來源。
- 跟家人朋友聊聊，獲得紓解和建議。
- 尋求同事及主管的實際工作建議，以改善或改變實際狀況。
- 協商調整工作量、工作模式、職責分配，從根本解套。
- 重新檢視馬斯洛五大需求與職涯規劃。
（關於馬斯洛五大需求，阿柏醫師會在後續章節介紹。）
- 找到適合自己放鬆的方法，像是休假去旅行、維持固定的運動習慣，也能適度的放鬆身心。

阿柏醫師溫馨提醒

工作其實是生活的一部分，持續的工作倦怠很可能會造成生命倦怠；當你在職場上感到身心俱疲時，可以試著練習覺察自己工作倦怠的原因，以找到適合的方式來釋放壓力。

3.2 我是工作狂嗎？熱愛工作但成癮了

「工作成癮」大多有其內在的心理因素或價值觀偏差，這才是更需要探討的。

不知道你身邊有沒有這種朋友，就算是下班時間也是滿口工作，似乎永遠沒有看過他休息，好像他的生活已經被工作完全占據了。

無法控制的衝動：就是要工作

工作成癮（Workaholism）一詞最早於1971年由心理學家韋恩歐茲（Wayne Oates）提出，指的是「**無法控制想要工作的衝動**」，不是因爲經濟原因，但就是好像對工作上癮一般，若是停下工作就會感到壓力甚至是焦慮，有如戒斷症狀。即使國際心理疾病機構並未將此現象列入正式疾病中，但工作成癮的確存在於現代社會中，已是一種心理層面的文明病。

歷史上也有一些著名的工作狂，像是清朝的雍正皇帝，他在位十三年間批閱四萬多件奏摺，平均每天要批閱十多件，有的批示多達一千多字，很多奏摺的批語甚至比奏摺本身的內容還要多。又如法蘭西皇帝拿破崙一世，據記載他一天可以只睡三至四小時，其餘時間都在工作。

工時長不一定等於工作成癮，但要能夠好好劃分工作與休息時間。如果有下列現象，就有可能是工作成癮了：

- 爲降低焦慮感及內疚感而工作。
- 不能工作時會感到壓力。
- 爲了工作放棄休閒活動及嗜好。
- 過度工作而影響到身體健康。

工作成癮會危及家庭、人際關係

工作成癮的原因可能來源於**自我的完美主義**，希望工作能盡善盡美，所以會花非常多的時間將工作做到無懈可擊的完美。也或許個人的**成就感就是來自工作本身，事業成就便等於他本身的自我價值**。

工作成癮不僅影響個人健康，更影響心理及家庭關係。而且在工作環境上也會影響其他同事，試想若有個整日泡在辦公室的同事，那麼對其他完成工作後就想要準時下班的同事勢必會造成壓力，而且因爲過度工作缺乏適度休息，無法調節自己的狀態，也會造成工作表現下滑。

工作成癮的併發問題也很嚴重

「醫師，我整天被工作綁住，離不開工作，這樣我也是工作狂嗎？」

「工作狂只是個形容詞。我們離不開的東西很多，不然很多人也是『手機遊戲狂』、『上網狂』了，不是嗎？因此『工作狂』還是要看**有沒有因爲過度工作而造成生活跟人際相處的妨礙**。」

以下都是比「工作狂」、「工作成癮」等名詞更需要探討的內心議題。

- 因爲工作耗費過多時間，產生情緒壓力，容易焦躁煩悶；下班後依舊無法轉換心情，動輒對家人孩子發脾氣。

小莉以廠爲家，樂在其中，是公司的7-11，老闆眼中的模範勞工，但家人、同仁卻對她頗爲不滿。

- 工作耗費太多精力，腦袋裝不下其他東西；下班沒心思整理家務，沒腦力傾聽家人說話，沒精神幫孩子看功課。
- 找藉口埋首工作，刻意忽略工作以外的生活；迴避親友聚會餐敘，迴避面對家裡長期的互動問題。

阿柏醫師溫馨提醒

工作成癮其實是心理的內在因素，若察覺自己或身邊的朋友出現這樣的狀況，首先要了解，是什麼原因造成心裡放不下工作呢？此時也可以尋求心理諮商師或專業身心科醫生的協助，發覺眞正的原因。

3.3 哪些人是工作狂危險族群，你是嗎？

並不是危險族群才會有工作狂現象，但如果你是危險族群，就要特別提防了！

工作成癮，可能滿足了心理需要或缺憾的那塊，但卻失去更重要的健康、家庭、人際、生活，值得嗎？

事業成功的老闆

我在門診會看到許多事業成功的老闆，他們的事業版圖各異其趣，有上市公司大老闆、連鎖餐飲中老闆、也有夜市名攤小老闆。因爲事業順利，對他們來說，工作好像是一場賺錢遊戲，一場好玩的「經營策略遊戲」；於是早也玩晚也玩，玩了好多年，玩到廢寢忘食，樂在其中。某種程度上，這也是一種成癮。**賺了錢又有成就感，人人稱羨，怎能不繼續玩？專注事業又非賭博或偏門，旁人有什麼理由阻止？**久而久之，壞了身體、壞了脾氣，沒時間或沒耐心陪伴家人，而且睡也睡不好，身體病痛一堆，最後來到門診的，幾乎都是典型案例。

隨時要處理事情的經理人

簡單來說就是：隨時要回覆訊息。跨國企業、大企業的高階經理，有很多重要任務需要及時處理；因為日理萬機，部屬不敢輕易傳訊息給他，一旦接獲訊息就要繃緊神經處理重要事務。高階經理管的部門多，才有權力跨部門協調，而跨國企業在歐美各國都有分公司，更是不舍晝夜隨時都要聯繫，哪能掉以輕心呢？

網購類別的個體電商

網購嘛，有訂單就要處理，時機歹歹，不勤快點怎麼行？網購號稱二十四小時都在開店，二十四小時都在賺錢，當客人在半夜下單，或是在凌晨提問，為了立即滿足客人所需，網購賣家們可是手機不離身，隨時保持待命。

任務繁多、責任心過強的工作人員

譬如住院醫師，顧名思義就是「住在醫院裡頭過夜值班，隔天還要繼續上班」，回家就累癱了，因此也盡量減少正常的社交活動，於是養成缺乏社交的生活方式。又如連鎖餐飲、超商的店長，雖然職位不高、薪水不多，但任務龐雜，於是乾脆下班後留下來整理沒做完的雜務；每逢節慶假日生意熱絡，更是抽不開身，即使老家就在隔壁縣市，最後都因為工作占據了時間與心力，越來越少抽空回去。

工作跟生活高度重疊者

譬如在自家開個門市，那麼一整天就都必須家務、公務兩頭燒，小孩哭鬧還沒處理好，客戶就上門，眞的是恨自己分身乏術！又如診所醫師、藥局藥師、事務所的會計師和律師等，除了工作繁忙、客戶衆多，他們大多數的朋友都是工作或同業夥伴，很難有機會認識圈子以外的人，也難以參加圈子以外的活動，也就越來越習慣待在自己的小圈子裡，結果談的都是公事，譬如醫生，他的同學朋友全部在醫院工作，聊的想的都是醫療相關，也就形成被迫工作成癮了！

台灣每十二天就有一人過勞死，你是在生活，還是在賣命？至於嗎？

用隨身通訊交辦任務者

現代通訊發達，即時聯繫相當便利，雲端也能儲存工作資料供隨時查詢，所以一些主管可能隨時傳訊查詢甚至交代任務，因而中斷自己和夥伴休息的活動與心情，何況要二十四小時「提心吊膽」的「待命」，精神也會因而無法完全放鬆，形成隨時都在工作的惡性情況。

有些人的工作癮不見得來自公事，而是自我的鞭策，如創作的人腦袋常常停不下來，想到創意時就要隨時記下來，甚至從床上翻身起來做筆記，這都會影響健康，甚至影響到情緒、生活跟社交，應該要有所調適。

阿柏醫師溫馨提醒

工作狂大多會伴隨一個或數個心理因素；可能是為了得到認同與報酬，也可能是為了逃避或療癒，更可能是已經「上癮」了。凡事過猶不及，超過，就不健康了喔！

3.4 用工作和馬斯洛三角形自我認同

如果無法自我認同，人生就會像飄盪在汪洋裡的一葉扁舟，隨時都會覆滅。

工作可以讓我們獲得馬斯洛的五大層次需求，最後達到自我實現，甚至因為工作帶來的成長和突破，達到超越個人靈性的需求。

工作不只有收入，也有自我認同

有個三十多歲的女性經過介紹來到門診，她的職業是護理師。她面容疲憊地說：「我工作壓力很大，日夜輪班讓我身體出了很多毛病，一直拖下去也不是辦法，我想辭職，實在撐不下去了！」她全身緊繃，眉頭深鎖，不時嘆氣。這問題已經困擾她很久，但一直無法下定決心辭職。

我問：「辭職之後，妳要做什麼？」

她支吾地說：「先休息再說，我有些積蓄，能夠撐一陣子。」

我想了一下，然後對她說：「妳的工作提供妳一種保護，一個身分，譬如妳現在是『在醫院裡辛勞照顧患者的護理師』。」我接著又說：「從心理學角度，**工作不但提供妳收入，更提供妳尊嚴，還代表妳的身分。如果沒有工作，妳的自我認同會是什麼呢？**」

所以我們應該多思考工作帶給我們的積極意義，才能更確認自己的定位和重要性，因而珍惜工作。

用馬斯洛三角形檢視自我定位

當我們覺得工作不能自我滿足或自我定位時，可以用馬斯洛五大需求層次（Maslow's hierarchy of needs）檢視一下，看看哪個環節出問題或應該升級了？

‧生理需求：工作能不能讓我獲得溫飽，亦即是吃飽穿暖的生理滿足？
‧安全需求：這份工作是否長期穩定，能不能讓我有安全感？
‧社會需求（愛與歸屬需求）：這份工作是否讓我覺得這是個包容我的大家庭，讓我認同且願意待在這個工作崗位上？
‧尊重需求：這份工作能不能讓我在工作中及社會上獲得尊重？
‧自我實現需求：這份工作跟我未來職涯發展的進度是否一致，能達成自我成就？

五大需求雖是漸進的，但不是絕對的階梯制；先後順序也會因人而異，譬如某些人爲了自我實現的可能，寧願捨棄生理和安全需求。但無論如何，我們都可以藉此來檢視一下自己的需求和定位。

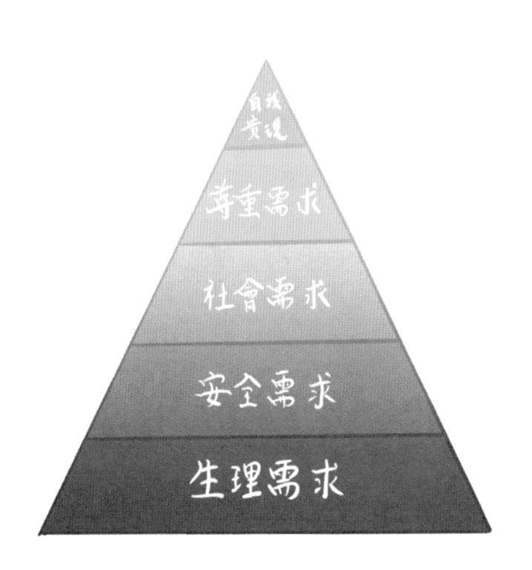

阿柏醫師溫馨提醒

爲什麼我們會因爲工作不被認同，而產生對自己的不認同？因爲工作是自我認同的重要來源！因此，我們必須重視工作帶來的各種需求滿足和正面意義。

3.5 我不幹了！先別急，可以先這樣減緩辭職焦慮

不管是在辦公室擺爛的「被動辭職」或真的給老闆炒魷魚，你都應先好好想一想。

離開工作，可能會導致很多恐怖的感覺：「沒有工作的身分，那我是什麼？」「我是誰？我今早起床睜開眼睛要幹什麼？」「我重要嗎？誰需要我？」「我的自我認同是什麼？」

辭職不只是離開職場這樣而已

工作除了帶給我們身分認同，也賦予一個人法律保障的身分、權利、義務，例如：林醫師、張律師、王經理，這些職稱除了成爲個人的代號，也認同了他們的工作和身分，正因如此，當壓力來自於工作時，儘管很多人會想要立刻逃離職場，但卻忘了，辭去工作的同時，也會失去工作所代表的身分。

譬如，王警官在職時，可以名正言順的查詢可疑的人事物、逮捕正在作案的現行犯、執行上級指派的治安勤務……，但他離職後，就喪失了這些被賦予的公權力，當他發現異樣和犯罪時只能跟一般人一樣：報警，因爲他已經失去職務上的身分。

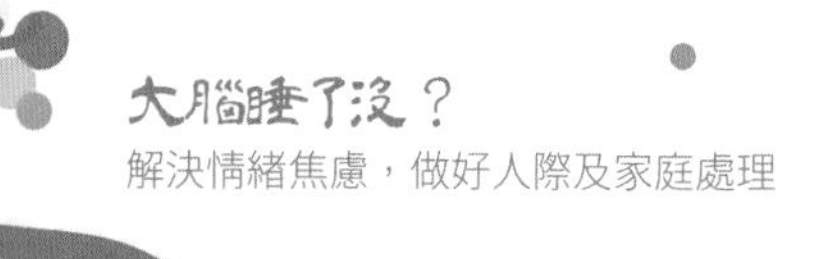

緩和辭職焦慮有妙招

面臨巨大壓力時不要輕易辭職，先給自己一些時間，多想想，多談談，確定了之後再作打算，因爲後果和失去的，可能比你想像的嚴重。你可以參考下列幾個方法。

・請假休息

人都需要休息，但不離開工作場景根本無法放鬆，更別提休息。可以先試著離開幾天，讓身心放鬆一下，但務必適可而止，可別一請假就是兩個月。先請第一天，再請第二天，有需要再繼續，先請能請的假，其他的再說。

・請假時要能確實放空或轉移注意力

如果請假在家，還一直想工作的事情，根本無助於放鬆，這時需要另外找事情來做以轉移注意力。微不足道的小事，只要願意花時間，哪怕只有一下下，都能幫助轉移注意力、放鬆精神。試著把手機關機半天，體驗「偷得浮生半日閒」吧！

‧儲備力氣後，尋求他人建議

所謂尋求他人建議，主要是指「專業建議」。如果壓力來自勞資之間的糾紛，那要先進行法律諮詢；如果壓力來職務和同仁關係，那要進行心理諮詢；如果要離職，相關的勞工權益如何獲得保障，更要諮詢相關人士。

‧尋求情緒支持

很多人在情緒壓力下卻找不到任何可以傾訴的對象，因而讓壓力不斷累積，更常見的是，平常吐苦水的對象就是同事、主管，現在要考慮離職，反而沒人可傾訴。壓力跟情緒息息相關，情緒問題要從心理面著手，尋求親人和朋友的支持，能讓自己多一份精神和意識的力量。

‧要先找好工作

要先找好工作，了解外界環境。現在仍在職，感受不到經濟壓力，一旦離職，經濟問題排山倒海而來，壓力甚至超過原本的預期。多打聽業界消息，如果外界環境差，會讓自己比較珍惜現況；如果外界環境好，轉職管道順暢，會讓自己較無後顧之憂。

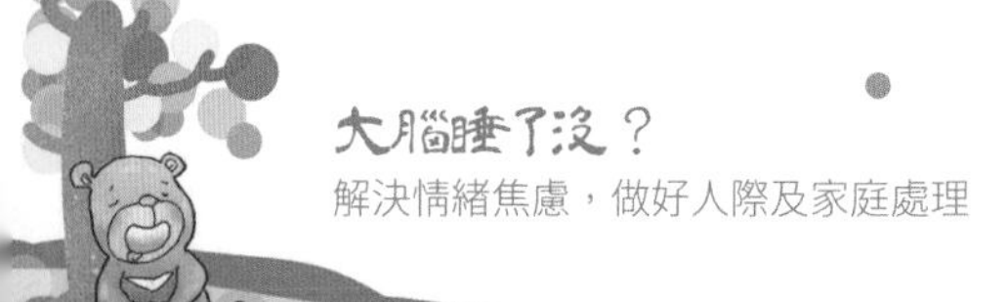

■「我該辭職嗎？」分析路徑

請假休息→請假時要能確實放空或轉移注意力→儲備力氣後尋求他人建議→尋求精神支持→要先找好工作→
1．YES，外面比較好→提出辭呈。
2．NO，還是現狀比較好→把辭呈撕掉。

阿柏醫師溫馨提醒

工作壓力大到非辭職不可時，可先藉由專業身心醫療，用一些藥物讓大腦紓壓，改善情緒，除了能應付工作外，還能思考接下來的計劃。醫療之外，專業諮商也能讓心情平靜、理性分析，找出最佳解決方案！

3.6 從學霸到霸道總裁？高階專業者的障礙與挑戰

念台大時考試一百分好棒棒，但進入職場後考核變成沒有試題的考卷！

過去是由答對標準答案的成就感來支持自己，進入職場後卻充滿不確定性，滿滿的挫折跟失敗，要如何支撐繼續下去？

台大畢業高材生，想要轉做調酒師

「醫師我很困擾，我想要體驗不同的生活，父母卻不同意。」說話的是一位台大畢業的高材生，已經在專業領域工作一兩年了。

「是什麼原因讓你失去現在工作的動力呢？」

「我覺得工作難度很高，也沒什麼成就感，對未來有些茫然。」

他從事研發工作，是專業領域的大公司，進入職場後卻覺得研發難度很高，不免有些灰心。「那麼，離開你的專業，你想做什麼呢？」

「我想當調酒師。」他不是說著玩的，過去就在這行打工，也精進自己的技術，比賽曾得過很多獎牌。

「你為什麼想要選擇調酒師的工作呢？」

「因爲調酒很有趣，而且在我全心全意練習之下技術有精進，讓我有成就感。」

「還有哪些工作能讓你感到有趣，願意全心全意投入並且有成就感？」

「我想想，網球吧！我打網球的時候能全心投入，而且也有成就感。」

「你現在的工作無法讓你投入，無法讓你獲得成就感嗎？」

「也不是這麼說，但就是**經常努力了卻沒什麼進展，挫折感很重**。」

國小到高中，學生考試都以滿分爲目標，考卷上的每個問題都有一個對應的標準答案，塡滿答案可以獲得90分，95分，甚至100分。但從事高階專業的研究工作，考卷就不是每一題都有標準答案，某些從小到大答題拿滿分的資優生會突然不習慣，進而懷疑自己的能力。

尖端高階者，面對的是「未知」，所以必須自己不斷的重複「假設、實驗、結果、修正」，先釐清這個差異，才能知曉自己的處境。

高階的專業，本就失敗重重

「我的看法是這樣：你現在的工作是高度專業，難度很高，所以沒什麼成就感。若難度是1到10，難度好比是10，是台大等級。又例如說滿分100分，你的難度是**要從90分進步到95分、97分，需付出很多努力，但進步卻只有一點點，當然會產生挫折感**。」

我接著說：「而你在調酒領域、網球領域，雖然靠著聰明跟反應獲得不錯的成績，但難度若從1到10來說，難度只有4，是國中小等級。若滿分100分，你從40分進步到50分、60分，進步的幅度很大，當然會給你很高的成就感。但相信我，當你的調酒跟網球領域往更專業、更高難度階段前進時，依舊會帶給你很多挫折感的。」

更有甚者，在最尖端的科學領域，根本沒有標準答案可言，因為那是對未知的探索，連問題都沒有，何來的答案呢？甚至經過努力後，絕大部分的結果居然都是失敗的！**原本科學發展就是在不斷的失敗挫折下，一點一滴慢慢的累積教訓與經驗，絕不是基礎教育那種填答案、拿好成績、獲得讚許與成就感的模式**。

「原來是這樣，我會再想想。」他眼神中恢復台大資優生的驕傲，知道將來的成就感要靠自己摸索與建立，而不是靠答對問題，這樣才能迎接未來更多的挫折跟挑戰。

阿柏醫師溫馨提醒

從混沌中分析出「可能路線」，再加以不斷嘗試找到「可行路徑」，這是頂尖專業人士的工作模式，認清這個性質，就不會再那麼挫敗與迷失。

3.7 公說公有理，婆說婆有理：糾紛焦慮無解嗎？

糾紛往往源於立場不同，論述的道理也不同，大家都認爲自己才是對的。

2022年奧斯卡頒獎典禮上，威爾．史密斯的老婆被頒獎人克里斯．洛克在台上當眾嘲笑因病落髮變成斑禿；出於愛妻心切，威爾走上舞台，公然爆粗口並打了克里斯一巴掌，這要按讚嗎？

因家人受辱而出手打人的行爲是否正確，就要看你是從哪個「立場」來解讀。當然，我們對事務對錯的判斷也是一樣，經常是基於支持的「立場」而產生各自的結論。

立場不同，所持道理就不同

- 如果您的立場是認同打人的威爾，覺得自己家人受到侮辱，自己當然要還以顏色；那麼動手打人，承擔之後的後果，就這麼回事。
- 如果您的立場是支持被打的克里斯，自己的工作就是上台講笑話，葷辛不忌，那麼就算這次被打了，下次還是要講。畢竟這是工作，也沒什麼好說的。

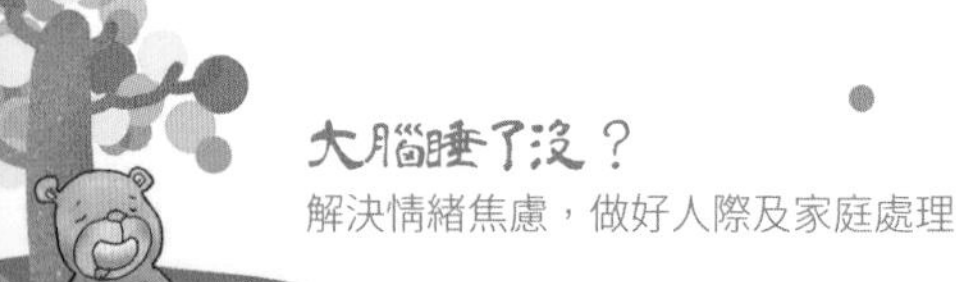

所以，所謂的「立場」就是這樣，沒有什麼可以討論的空間：身爲勞工，薪水就是越高越好，一個月一百萬都可以；身爲消費者，物價就是越低越好，搭一次計程車只要十元都可以；身爲學生，老師給的分數越高越好，每次考卷的成績都一百分也可以。**而他們的反方，立場都剛好相反，而且也都沒有錯**。

如果您的立場是觀衆——既不是打人的，也不是被打的；沒有家人被侮辱，也不需要爲了工作講笑話刺激別人，就單純是坐在台下看著這場意外的演出。就好比您在逛街，看到路上有行車糾紛，兩邊在吵架，但基本上跟您無關，這時候，突然有人動手打人，那**身爲旁觀群衆，您支不支持動手打人，往往是因爲選擇了站在哪個立場**。

不同立場都分析，才是講道理

贊成威爾打人的會說：「假如今天是你的家人被侮辱，你不會動手嗎？不然我侮辱你全家試試看！」

反對威爾打人的會說：「你可以用其他非武力的方式表達不滿，打人就是不對，野蠻人才這樣！」

也就是，當你選擇了立場，自然也就沒什麼好討論的了，因此**從各自立場討論，是沒有什麼交集的，因爲各有各的立場，所以要從不同的立場去做各種角度分析，才能有比較客觀的判斷**。

至於這個例子，克里斯調侃「失當」，威爾打人「過當」，這樣的仲裁，看倌覺得如何呢？（威爾事後面臨奧斯卡學院懲戒，並向克里斯道歉，克里斯也未提出指控。）

阿柏醫師溫馨提醒

討論工作或人際糾紛時，因爲個個身處其中，人人各有立場，所以不容易說清楚；要說道理呢，自己又是當事人，難以客觀。因此，當事人、旁觀者、仲裁者都必須從不同的立場去分析，才能得到比較客觀的道理。

3.8 情緒界限：好的陪伴必須拿捏彼我分寸

釐清界限不是不夠朋友，而是你不該逾越自己的能力，也不該逾越他人的領域。

當身邊親友出現情緒問題時真的好心疼，總是希望能陪伴他們一起度過，但卻經常換來自己的痛苦和對方的反彈，怎麼會這樣？

想要救人，結果兩人都溺水

「你不用管我啦！」
「我都這麼難過了，你為什麼還要找我麻煩？」
「麻煩你走開，不然我更想死！」

面對親友激烈的負面情緒，我們常常焦急地在一旁想要伸出援手，但有時一不小心卻可能反而被拉進彼此情緒的漩渦，這時**畫出「情緒界限」**是很重要的。我們可以**聆聽**他的想法，在旁**陪伴但不評論**，讓他知道你都會在旁邊**給予支持**，卻不必勉強自己要伸長雙手奮力拉出情緒低落的他，免得造成兩個人都受傷的結果。

朋友有情緒問題，除了陪伴，更應該清楚自己的能力與情緒界限，並適時請他轉尋專業身心科醫生的協助！

陪伴很好，但也會能量耗竭

「陪伴」是一段穩定而沉靜的過程，對方在這樣一段時間裡感知到自己不孤單，感覺到被接住、被連結、被接納、感覺安心，原本焦躁的情緒也會因此漸漸緩和下來。陪伴發生在關係之中，彼此互相感受能量的共振，這可以有好多種形式與方法，重點是在「**彼此都OK**」的前提下，陪伴的時候，我們也會消耗相當的能量，所以承認自身的有限性是很重要的，不然能量疲乏時負責同理、同情的大腦區域活躍度減低，不但無濟於事甚至導致反效果。

所以我們要拿捏出恰當的**界限——一個確保我們自己身心都舒適的安全範圍**，這個範圍是屬於我們自己的私領域，不需要受到別人評價或認可，不然當界限被踐踏或逾越之時，反而會感覺焦躁、不安、恐懼、被壓抑、被威脅，甚至是憤怒，屆時雙方反而發生爭執！

所以，如果你聽朋友的訴苦，越聽越煩躁，恨不得下一秒拔腿就跑或是掛斷電話，這時請緩一緩，告訴自己，這是快要到達極限的訊號了！

陪伴者如何釐清心理界限

因自己的需要而暫停對話是「重視界限」，並不會傷害任何人，畢竟只是暫時休息，又不是從此絕交、不相往來；到了雙方都OK的時候還是能繼續陪伴。那要怎麼喊停，又不傷人呢？

◎如何在外在行為上展示界限

- 先總結你聽到的，讓對方感覺到你重視他的信任和揭露。
- 告訴對方你需要休息一下，消化在你心中引發的感覺。
- 如果你還願意陪伴，可以請對方保持聯繫，但是要記得，這並不代表你要隨時待命，因為隨時待命是非常讓人筋疲力竭的，也代表失去界限，而是在自己休養生息之後，共同約定彼此都OK的方式再次陪伴。

◎陪伴者應該照看自己的內在狀態

- 不敢拒絕、過度投入，甚至是界限消融，比如對方的悲傷變成你的悲傷，你感覺到強烈焦慮不適，甚至無助挫敗，**反而會帶來反效果**，比如互相指責、互相攻擊。
- 陪伴者的挫折感受需要被紓解，健康的作法是**重新認知「我們無法改變他人」的事實**。

- 當親友持續舊有的模式、重複著一樣的困擾，主要是因爲**他還沒準備好要改變，絕對不是陪伴者不夠努力所造成的**，所以不要再受到「你趕快改變，我才能擺脫痛苦」如此想法的綑綁，重新聚焦在先把自己的生活過好，行有餘力再陪伴親友。

不維持界限會干擾彼此成長

從積極一點的角度來看，**維持情緒界限還有讓彼此成長的功能**。想像每個人的生命歷程就像是一株生長的樹木，有獨特的DNA，有各自美好的姿態，有自己生長的節奏，需要的養分和環境也各不相同。**界限消融下的過度干預**，好似生硬地改變別人枝椏的舒展，甚至剪除了能爲樹木製造養分的葉片，使得樹木失去自由生長、展現自然之美的機會！山林中儀態萬千的蓊鬱茂林，終究勝過人造庭園中的匠心雕琢啊，所以不要越界去干擾別人。

阿柏醫師溫馨提醒

你不是救生人員或泳游健將，卻因一腔熱血就要游到遠處救助溺水的人，不然對不起自己的良心，小心啊，到時要被救的就多一個出來了！陪伴也是如此！

3.9 學習同理心，才能有效幫助他人情緒

友人悲傷，有同理心的陪伴才能讓對方感到有被安慰到，這是可以學習的。

人家死了老狗很傷心，你卻告訴他再買一條新的就好了，不過就是一隻寵物嘛，這不是找罵嗎？因為你完全沒有同理心，還自以為是地去「指導」別人！

不懂安慰，被當白目或冷漠

我在門診時經常要面對患者描述的種種苦痛，以前我面對此景，經常不知該如何表達關懷，譬如有個年輕人，他是學校風雲人物，籃球隊隊長，大賽將至，他在練習時受傷骨折，面容愁苦地坐著輪椅被推進診間，腳上裹著石膏。遇到這種情況，我要怎麼跟他說呢？是不是只能說「好好休養，祝你早日康復」？不少人也有同樣的困擾，聽到別人遭逢不幸，不諳如何啟口、接話、安慰，結果被人當成白目，或只好當成沒這回事，結果被人當成冷漠。

同理心的方法與練習

同理心就是「**心同此理**」，可以透過學習與練習而熟悉，我們可以進行**「外在」的困難**、**「內在」的痛苦**、**「過去」的糾葛**、**「未來」的困境**等四個同理練習。以前面骨折年輕人爲例說明。

- **「外在」的困難**：骨折不知道什麼時候會好？傷口很痛吧？住院晚上睡不好吧？
- **「內在」的痛苦**：不能跟隊友一起並肩作戰、不能跟女友相處、擔心留下後遺症。
- **「過去」的糾葛**：受傷了會不會被換掉？教練對自己的期待怎麼辦？家長對自己的責難怎麼辦？
- **「未來」的困境**：不能再打HBL（高中籃球聯賽）了？會不會影響升學甄試？不能當PLG（臺灣男子職籃）明星了？

以上都沒有立即解決的方式，但你若能**「心同此理」，即使當事人都還沒想到，但你都能想到並且理解，那麼他就有被同理的感受。**

從「內在、外在；過去、未來」四個角度從對方立場著想，較能貼合他的情緒。

「話術套招」同理心的簡單方法

每個人發生的情況或許不盡相同，但也都大同小異，對自己經常會遇到的情境預先做好準備預演，屆時便不會胡言亂語。以醫師經常會遇到的家屬死亡為例說明如下。

・簡單澄清狀況，引導開啟談話

「醫師，我父親上禮拜過世了。」說話的是一位六十多歲的男子。

「發生什麼事？是突然的嗎？」我問。

「父親身體不好已經很多年，畢竟也快要九十歲了。」他說。

「當時他在哪裡？有人陪他嗎？」

「他當時在家裡，前晚還好好的，隔天早上外勞卻急忙跑來說『阿公不對勁』。我去看的時候已經沒呼吸了，不過還是打電話叫救護車來，救護人員看看也說已經走了。」

・關心對方和家人的心理狀態

「當時家裡只有你跟外勞在嗎？」「那時候我太太也在家。」

「她有沒有嚇一跳？」「應該還好，畢竟長年都是靠她照顧老人家。」

「你看到父親的時候，他就躺在床上？」

「對，很安詳，就像睡著一樣，只是沒呼吸了。」

·進入認知層面，引導放下悲傷

「他之前生病，家人已經有心理準備了吧？」

「是有討論過狀況，但還是會覺得有些突然。」

「你有聽你父親講過嗎？」

「有稍微講過，但沒講太多。」

「九十多歲的生病老人，老人家或許會覺得這樣也是解脫吧？」

「嗯，之前住院有插管急救，很痛苦，我也很不捨，現在他沒有痛苦了。」

·帶出好的一面提供安慰，也舒緩情緒

「是啊，他走得很平靜，幾乎沒有痛苦。而且你們都有安定的家庭事業，他也沒甚麼牽掛了。」

「謝謝醫生，希望他一路好走。」

「會的，而且你很孝順，他應該都體會到了。」

·拉回現實層面，評估目前的生心理狀態，給予提醒和關懷

「現在家裡治喪人手夠嗎？」「還好，親戚鄰居都有來幫忙。」

「這樣後事應該會辦得很順利了。你最近睡得好嗎？」「還可以。」

「胃口好嗎？體力精神怎麼樣？」「有點累，但應該沒有大礙。」

「這陣子很多事情要忙，要格外注意安全，人在疲累時，開車要特別留意。」

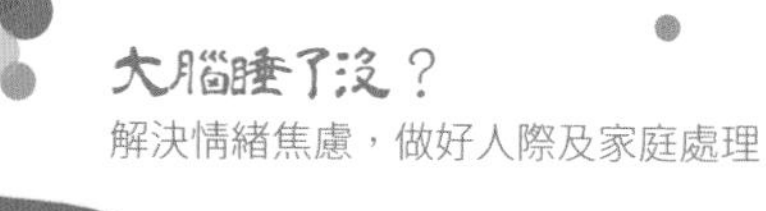

‧提供明確建議讓對方可以依循，使他心神安定

「你們家是拿香祭拜的嗎？」「對。」

「那你上香時可以多跟他說說話。」「我會，我還有念經迴向給他。」

「那很好喔！依照評估這次不需要特別加藥，你很成熟穩定，按時服藥，放鬆心情就可以了。」「好的，謝謝醫師。」

阿柏醫師溫馨提醒

同理心是可以透過分析、模仿、練習而得來的「關懷他人的能力」，也是大家要多揣摩的。

PART 4
調整情緒，家庭更美滿

4.1 靈魂伴侶哪裡找？經營親密關係也很重要

爲什麼後來都不對了？一開始就沒找到對的人，之後也沒有悉心維護！

總是努力工作、照顧家人、追求愛情的她，經歷了幾段感情的分分合合。上一段感情的結束，讓她略顯落寞地形容道：「很平靜也很成熟。」又過了數個月，她在診間談起新戀情，神情卻顯得尷尬，還是不太對。

爲什麼後來才發覺彼此不合適？

「他其實眞的很好，我們住在一起，家務都是他做，他也不介意我廚藝不精。他有穩定工作、愛運動，也已經買了房子。」聽起來眞不錯。

「但是我們已經沒有話可以講了，我們可以完全不講一句話，沉默地吃完一頓晚餐！漸漸的，我開始注意他的缺點，每個都讓我渾身不對勁，忍受不了！說起來我們也是莫名其妙、糊里糊塗就同居了啊，怎麼現在才發現根本不適合呢？……」

聽起來像是眼睛被蜆仔肉糊到，不過**探索自我以及經營關係就是如此，關鍵往往隱藏在莫名其妙的「渴望愛」之中**，但因為期望落空，便會像個嬰兒般的更渴望**「被人注意」**。她不是特例，我在診間經常聽見人們說著「沒有人懂我」、「沒有人在乎我」，話語背後是強烈的渴望能與靈魂伴侶相遇。

 哪些人可能是「靈魂伴侶」？

我們會想像與某個人一拍卽合，見面的第一眼就被深深吸引，這個人符合我們對愛情的所有想像，我們會很快地陷入熱戀並擁有令人稱羨的愛情關係。他就像是我們靈魂的另外一半，遇上他後我們便能像王子跟公主一樣過著幸福快樂的日子。那麼，這些人會是誰呢？

- 外貌讓人產生好感者。
- 體態健康者。就生物繁衍角度來看，健康的另一半較有利於生育優良的下一代。
- 具有穩定的經濟條件者。他們會讓人產生依附他的安全感。
- 價值觀及個性契合者。若對方跟我們擁有更多的相似性，好感度也會越高，有共同興趣就是一個很好的例子，我們會因此多了很多共通的話題，好感度

也會相對的提升。

- 距離接近者。近水樓台先得月，相近者較容易產生熟悉感跟好感度，**「單純曝光效應」**便是指人們會單純因為自己熟悉某個事物而產生好感；反過來說，**「遠距離戀愛」**總是會讓人感到卻步。

其實，更重要的是經營親密關係

以上提供了參考因素，幫助我們篩選出一群有潛力的「靈魂伴侶候選人」，但是別忘了，**經營關係是一系列互相認識、互相接納進而共同創造的過程**，不只是從貨架上挑揀合乎心意的小玩意兒，只求片面的滿意。

在進入親密關係之前，首先要認知到親密關係的發展階段，除了最前頭的**「浪漫階段」**讓人心裡小鹿亂撞外，還會因為逐漸認識而進入**「權力爭奪階段」**，一個充滿各種情緒，相當驚濤駭浪的階段。

「也許每一個男子全都有過這樣的兩個女人，至少兩個。娶了紅玫瑰，久而久之，紅的變了牆上的一抹蚊子血，白的還是『床前明月光』；娶了白玫瑰，白的便是衣服上沾的一粒飯黏子，紅的卻是心口上一顆硃砂痣。」張愛玲在《紅玫瑰與白玫瑰》的闡述堪稱演繹「浪漫階段」與「權力爭奪階段」的經典呢。

經營親密關係的步驟

足夠了解自己➩接納自己及對方的需求➩重視彼此的獨立與自主➩共同創造

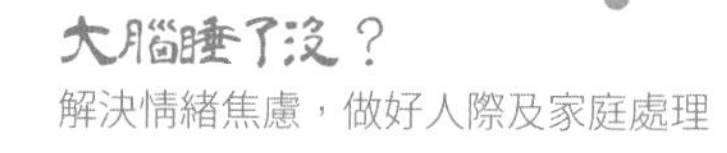

當我們「足夠了解自己」、「接納自己及對方的需求」、「重視彼此的獨立與自主」，將更有機會與伴侶繼續前行，朝向「共同創造」這個階段——兩人的關係像是流暢的進行雙人舞，或是兩支和諧共鳴的小提琴，也正是在這樣的階段，我們清楚地感受到：「對了，這個人就是我的靈魂伴侶。」

阿柏醫師溫馨提醒

要找到靈魂伴侶，先從尊重自己、接納自己、爲自己負責開始，透過探索世界、學習新東西，累積自我價值與內在力量，那結果自然是「花若芬芳蝶自來」囉！

4.2 好的對象，應該是那些會讓你更好的人

你若能讓對方更好、更愛自己，你們的感情就會越親密！

很多病人以為身心科醫師給的建議就一定是有用的，或者期待醫師會給一定有用的建議。其實，醫師只是分析討論你的狀況，並不是下達執行指令。

醫師提供諮商與分析，不是要你這麼做

「我在這段感情裡好痛苦。」她這麼說，但似乎也無力改變，分分合合多次，最後還是在一起。

「我並不是勸和，也不是勸離，而是跟你談論這件事。」我對她說。「如果你聽了我的分析，馬上回去就要決斷分手，那我反而勸你不要。**現在不是建議，只是分析**，這樣你可以接受嗎？」

其實很多時候，醫病之間並不是熟識的朋友關係，即使在診間見面多次也不一定了解事情的全貌。所以我總是告訴病人：「我只根據『你有描述過的部分』進行討論。」如果在言談所及都是對方的缺點，彷彿這個人就是大壞蛋，如此根據主觀偏見形成的結論便不夠客觀了。所以我們時常要提醒病人：「因為你都講對方的缺

點，所以我們分析的時候就是以對方的缺點來分析，但不代表事實上對方就是那麼差勁。所以**我們談論的是對方在你內心世界裡的形象，而不是對方眞實的樣貌**，這要分清楚。」

陪著對方，讓對方更愛她自己

「我知道了，我可以區分清楚。」她接著說：「那麼，從討論的角度而言，醫生你會給我這段感情什麼建議呢？」

我告訴她：「在感情世界裡，不是要尋找一個『多愛多愛的對象』，而是要找一個**『可以陪著妳愛自己，讓妳更愛自己的人』**，越跟對方相處，妳會更愛自己。」

是啊，當你在對方面前更有自信、更自在、更能表達自己的想法、更有活力和創造力，對方能欣賞並且珍惜你這些新萌發的生命力，這樣不是一段感情中最重要，也是兩人相處裡最核心的部分嗎？

如何陪伴讓對方更愛他自己？

「陪著對方，讓他更愛自己？要怎麼做？陪著對方就好了嗎？」

「是啊，陪伴很重要。能夠的時候，妳多做一些。沒辦法的時候，至少陪著對方。」我這麼說。

當對方對生活有新發現的時候，給予**傾聽跟鼓勵**。當對方講得興致勃勃的時候，當個稱職的**好聽眾**。當對方在生活中展現難得的體貼跟細心時，給予**稱讚**。當對方抱怨工作或心情鬱悶煩躁時，給予**聆聽跟支持**。能夠彼此如此相待，那麼就能長久。

她低頭沉思，似乎想到些什麼，點點頭，然後微笑地離開診間。我想，若她能注意到這點，應該能有所改變吧！

阿柏醫師溫馨提醒

找一個可以讓你更好的人，同時你也要做到讓對方更好，這樣你們的感情，就不會日趨淡薄、相互挑剔抱怨，而是日趨親密。

4.3 吊橋效應？有些情境讓你愛上不對的人

越是身心恐懼的狀態下，越會認爲身邊的人具有保護力，甚至誤以爲自己愛上對方。

走吊橋時你會緊張害怕，並希望跟旁邊的人靠在一起，這和喜歡上一個人的反應類似，所以，不要在走吊橋時，誤以為你愛上旁邊或伸手攙扶你的那個人！

吊橋效應：生理反應的錯誤歸因

「妳喜歡哪一種男生？」「我喜歡讓我有安全感的男生。」

「妳指的安全感是什麼？」「會保護我。」

「什麼時候會需要男生保護妳？」「當我害怕的時候。」

「妳什麼時候會害怕？」

「我想想……走在黑黑的巷子裡面我會害怕；路上看到壞人我會害怕；遇到喝醉酒講話很大聲或刺青一大片的流氓，我也會害怕。這時候如果有男生保護我，我會很有安全感。」

「妳知道戀愛當中的『吊橋效應』嗎？」她搖搖頭。

當遇到心動的對象時，會心跳加速，這是正常的生理反應，但心跳加速，不見得就是喜歡上別人，例如兩個男女走過吊橋，女生因懼高而害怕，心跳加速，然後因爲這種悸動的感覺，誤認爲自己喜歡旁邊的男生（當然前提是，本來就有些好感）。又轉頭一看，身旁的男生神色自若，沒有害怕的樣子，還講笑話給自己聽，安撫自己。哇！好有男子氣概，好有安全感喔！無形之中好感度上升——就叫做「吊橋效應」。

妳可能覺得那個男生很MAN，跟他在一起很有安全感，但說不定跟他在一起反而更危險呢！

一起體驗可怕的事會產生吊橋效應

「醫生你講的這個心理作用我聽過，但我男朋友沒有帶我去走吊橋啊！」

事實上，這個女生交往的男生，個性和脾氣都不大好。男生騎摩托飆車，女生在後座有點害怕，但產生吊橋效應，反而更抱緊男生並因而產生安全感。

男生開車也愛闖紅燈，險象環生，女生卻感覺「好險有他」！

帶女生去夜店、回來經過暗巷，黑黑的好恐怖，女生卻覺得有男生保護她，好安心。

半夜出去玩，看到路邊改裝機車上的刺青混混，身旁的男生牽緊女生的手，安全感加倍！

——拜託，若不是飆車、夜店暗巷、半夜出遊，根本不會產生那麼多危機感，女生自然也不會因爲吊橋效應而有那麼多相對應的安全感需求產生。

不要陷入吊橋效應的妄想裡

由此可知，**男人不壞，女人不愛，根本就是掉入吊橋效應的陷阱**，甚至越愛越深，但事實卻可能剛好相反，最後還發現，他不是那個對的人，兩人根本不合適，懷疑當初爲什麼會走在一起？而平時我們也有可能因爲吊橋效應而「錯愛」，例如：在空虛時安慰我們的人；在徬徨時力挺我們的人；在困難時幫助我們的人；在別人遇難時表現出英雄氣概的人……其實這也都只是吊橋效應所衍生的妄想罷了，千萬不要被當時的情境蒙蔽了。

阿柏醫師溫馨提醒

有時候在當下的情境中，我們會希望獲得安全感、陪伴和協助，因而喪失判斷眞感情的能力，他可能是當時的浮木，但不見得是永恆的歸宿！要自己釐清並多聽取別人意見，才不會「誤判」喔。

4.4 破窗效應！雙方裂痕爲何越裂越大？

感情就像窗戶，有時打開，有時關上，最重要的是，破了就要趕快補好。

網路上出現知名明星出軌的新聞引起軒然大波，相關的爆料貼文更是引起大眾關心，占據大量新聞版面，回覆與批評也排山倒海而來……為何神仙眷侶最後會變成大家窺視、議論的對象？

什麼是破窗效應？

兩個人互許終身、決定長相廝守，但一輩子很長，過程中可能會出現波折和插曲，或是因爲種種因素導致兩人關係絕裂。兩個相愛的人爲何最終會走到離散的地步呢？是不是誰做錯了什麼呢？

你是否曾聽過「破窗效應」？這是犯罪學者威爾遜（James Wilson）與凱林（George Kelling）共同提出的理論：若社區裡有戶人家的窗戶破損，卻沒有即時修好，便會有更多破壞者把其他窗戶打破，甚至闖入屋中偷竊或縱火，導致犯罪擴散。「破窗效應」的另一個例子是：當整條馬路都沒有垃圾時，就比較不會有人在馬路上丟垃圾，但是當第一個、第二個垃圾丟到馬路上後，大家就會傾向亂丟垃圾，最後一片髒亂，不可收拾。

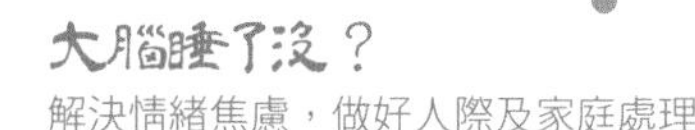

破窗如果不立即修補就會加速破壞，同樣的，婚姻生活若遇到問題就應儘速解決，不然就會越破越大洞。

感情的破窗效應

兩人關係的經營也是如此，**相處過程中不可避免地會出現摩擦及衝突，若沒有及時溝通修補，就會如同破窗效應所描述的，關係將越來越糟，終而變得脆弱不堪**。也許一開始吵架只是小小的火苗，後來越吵越烈，雙方裂痕越加擴大，最後一發不可收拾。

又或者，兩人溝通後還是無法磨合差異，破口一直存在且越來越大，最終還是可能進展到離婚的地步，此時還要面臨財產分配、孩子監護權及探視權等問題，加上社會往往投以異樣眼光，走向離婚之路的兩人心理壓力之大可想而知；在這樣強大的壓力下，要修補裂痕當然又更加困難了。

透過諮商挽回，或避免悲劇繼續擴大

其實，別人怎麼想並非是最重要的。重要的是當事人自己怎麼看待離婚這件事——離婚只是代表夫妻關係的結束嗎？若有孩子，父母的角色依舊需要承擔，但孩子的心靈會因此受到某種程度的傷害；而昔日相處的甜蜜會轉爲宿怨，讓彼此往後的日子總是心有罣礙。所以在婚姻關係過程中若出現裂痕，就應該積極尋求外界的協助，也可以尋求專業的身心科診所進行婚姻諮商。專業協談的好處有：

- 有第三方在場，雙方較能保持理性，先禮後兵。
- 第三方協助聚焦話題，一個一個問題來處理。
- 雙方壞的情緒展露出來時，第三方能協助疏導。
- 第三方協助記錄，爬梳每一次協談的脈絡，找出地雷。
- 把第三方當作槓桿，加強雙方凝聚力。

阿柏醫師溫馨提醒

婚姻從來都不只是一個人的事，在有問題發生的初始就應該試著去妥善處理，不要越演越烈最終無法修補，再也回不去了！

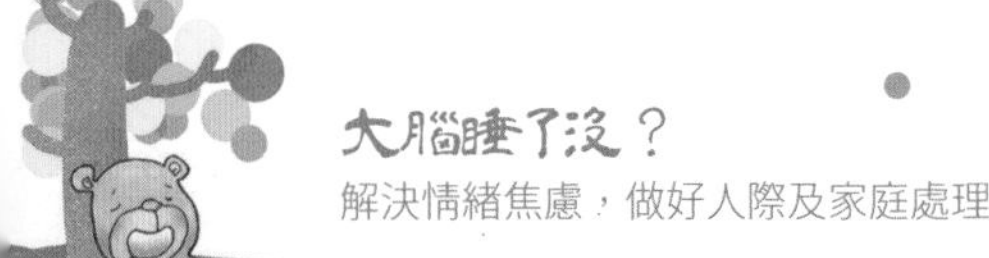

4.5 夫妻都有不被了解的失落與委屈

老婆把老公的珍藏品丟棄是很可議，但身爲枕邊人，爲何她一點都不了解老公？

前些日子發生被熱烈討論的「哥吉拉公仔離婚事件」，一名妻子在丈夫出門時，把他珍藏的哥吉拉公仔送給親戚的小孩，丈夫返家發現後怒不可抑乃至離家出走，甚至揚言要離婚。

同床共枕，卻不了解對方

暫且不論這件事的眞實性，但能引起廣泛討論也足見這是大家關心的議題。醫師在臨床工作時，也常聽到個案抱怨不被了解的失落與委屈，一旦陷入悲劇，主角內心戲般的自怨自憐，眞的就會沒完沒了啦！這時候**「換個角度來思考」有助於昇華心理狀態、突破思考的困境**。我們不妨拿出**同理共感的能力，再加一點想像力**，用開頭說到的事件做發想，從中激發對夫妻關係的更多想像，也多一些理解。

我第一個注意到的是，這對夫妻即使結了婚、共同生活在一起，依然有互相不了解、沒有講清楚的地方（這其實非常正常），**忽略了「我對另一半其實還不夠了解」的事實**，那麼就很容易撈過界，踩中對方心裡的

地雷，彼此屢屢犯規後，又習慣隱忍以迴避衝突，任憑互相怨懟的情緒日積月累，直到其中一人的壓力值達到極限，再來個火山大爆發宣洩能量，比如：離家出走、訴請離婚；然後另一方本能地防衛起來，只想問：「爲何平日都沒關係，這次卻不可以？」還怪罪發飆的人無理取鬧。

■ 錯誤示範

相互忽略「我對另一半還不夠了解」的事實
→經常撈過界，踩中對方心裡的地雷→習慣以隱忍迴避衝突
→互相怨懟的情緒日積月累→壓力值達到極限，火山大爆發
→另一方本能防衛，責怪發飆的人無理取鬧→展開大戰

■ 正確示範

拿出「同理共感」的能力＋再加一點想像力
→換個角度思考
→昇華心理狀態，突破思考困境
→相互理解，包容對方

聽聽各自的心裡話

再來個腦洞大開的奇想：假如「哥吉拉夫妻」在戰火引爆之前，突然從天而降一個神仙教母（對，聽起來眞荒謬），動動魔法棒讓夫妻倆聽見彼此的心裡話，那可能會聽到很多很多……

老公：「這些滿山滿谷的哥吉拉模型，是我從小朝思暮想、省吃儉用，好不容易才買到的玩具。這不只是收集，更是熱愛，而熱愛的不只是造型，更是哥吉拉這個角色和自己內心的關係！這些價格不菲的公仔，有的甚至是特別版，曾經在某集電影中威風上陣，帥氣爆表！**當年在電影院看到那個鏡頭時的悸動，是鮮明感動的回憶，刻印在腦海中的，是自己曾經年輕的證據！**哥吉拉不只是模型，更是和我一起踏上征程的熱血夥伴！」

老婆：「我真的不知道你如此重視這些公仔，你好多話都不願意說。看著一隻一隻公仔進到家裡，我雖然不了解，也想著你喜歡就好；**你花了很多時間在蒐集公仔，卻越來越少跟家人分享！我真希望可以早一點聽你分享這些事情和心情**，好知道你辛苦打拼之餘，還能保有赤子之心，有了公仔可以延續年輕時的熱血回憶，我其實很為你高興啊！」

如果雙方都能及早表達、彼此了解，那麼就不會有互踩地雷、相互隱忍、最終一發不可收拾的憾事發生，方法阿柏醫師會在下一章明述。

阿柏醫師溫馨提醒

「哥吉拉公仔離婚事件」要告訴我們的不是討論誰對誰錯，而是要去討論爲什麼到最後會導致這樣的憾事發生？爭論對錯和維持感情，究竟誰比較重要呢？

4.6 伴侶展開對話三原則：溝通有技巧，感情更美好

伴侶爭吵往往是發生差異時，自己的焦慮或埋怨不經思索地就發洩出來。

在伴侶諮商的情境中，治療師鼓勵伴侶展開對話，引導雙方在表達的同時觀察相互的狀態、留心話語的言外之意，也幫助學習彼此理解，一起思考討論更多的可能性。

要達到伴侶展開對話的目標，仰賴在溝通之前先「約法三章」，醫師也很鼓勵個案在生活中實踐這三個溝通的原則。

保持好奇心

對眼前的伴侶保持好奇，將對方視為完整的個體，擁有獨特的生命經驗、有許多新奇有趣的事情等著你探索，而不是拿出理想伴侶的評分表，考核對方是否稱職地扮演某個僵化的角色，比如丈夫只問妻子怎麼煮不出滿漢全席，妻子只問丈夫這個月賺多少錢？

不預設立場

關於伴侶身上讓你大感詫異，或者精確地說是「與你想像的不一樣」的部分，先別急著用自己的觀點給出評價，因爲這通常只是用來安撫自己的焦慮。武斷的評價通常流於草率，也容易引起對方的防衛或迴避溝通，我們**對於自己不了解的事情，不預設立場，虛心求教，其實往往可以拓展自己的視野**。當腦中開始用評價他人來武裝自己的焦慮時，希望看過這個章節的你，能揮動自己的魔法棒，先承認「這真的超過我的想像」，同時也接受「我以往遇到超過想像的事情，會太過焦慮，急著做反應」，接著練習請教你的伴侶，好好地弄清楚你所不了解的事情。

對於自己不了解的事情，不預設立場，虛心求教，其實往往可以拓展自己的視野。

專注地傾聽

專注地傾聽除了要聽文字的內容，更要打開感知彼此情緒的開關，才能發現好多的「生氣」，其實是當下處理不了的委屈、沮喪、灰心或是不公平。當然，吵架的時候，通常雙方都在「生氣」的狀態，都有好多當下處理不了的情緒，很容易爲了捍衛自己的立場而劍拔弩張，這個時候先暫時休兵，各自找個安靜的位置先調整呼吸、緩和一下，再約定一起討論有待解決的事情，這樣就很有機會增進對彼此的了解，也一起學習解決問題。

阿柏醫師溫馨提醒

爭吵是溝通的一種型態，在雙方急切想要表達立場與爭奪權力時更是極易發生；而「保持好奇、不預設立場、專注聆聽」，有助彼此更加的理解與靠近。

4.7 夫妻相處之道 不是在戰勝或駕馭對方

心理治療師是賽跑教練，不是跆拳道教練，重點是放在自己而非對方身上。

很多人常因為伴侶改變不了自己認為的「惡習」而忿恨不已，甚至產生爭執與裂痕，因而想盡辦法要「整頓」對方，你是在演《馴悍記》嗎？

因爲改變不了別人而自己生氣

「醫生，我先生怎麼教都不會聽，眞是氣死我了！」小梅一進診間就氣急敗壞地開始抱怨。小梅的先生沉迷最新的手機遊戲，從早玩到晚，每次叫他吃飯都當作耳邊風，課金花了不少。

「醫生啊，上次你教我要怎麼樣跟他說，有用耶！但這次他又不聽我的話了，你能不能再教我幾招？」小梅滿懷期待地看著我，然後說：「還是我乾脆把他帶來給你看？你說一句比得上我說一百句呢！」

「我也很想幫你，不過你花了那麼多時間精力來看診會談，**目標應該放在改變自己，而非改變別人**。」我對小梅說道。「改變自己，操之在己；要想改變別人，那就操之於人，到頭來別人不動如山，痛苦的卻往往是自己。」

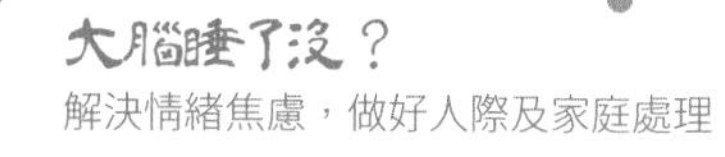

如果你連對枕邊人都講究駕馭之道與克敵制勝，而非親密相愛，那他和敵人、外人、奴隸，又有何不同？

「如果不能改變現況、改變別人，那爲什麼我要來進行心理治療呢？」小梅疑惑地問道。畢竟小梅當初來找我，正是因爲受不了無止境的婆媳過招，還有與丈夫爭吵不休的意見歧異。

接受諮商，是爲了讓自己更好

心理治療師就好比是賽跑教練在訓練跑步選手，發現選手缺點並要求改善體能、肌肉、技巧、意識，最重要是保護選手，量身打造最適合的最佳訓練模式，然後在每一次的練習裡頭尋求突破，挑戰自我。而心理治療師跟個案之間，就彷彿是賽跑教練跟短跑選手，醫師只想要個案能變得更好。

然而卻有很多人誤以爲心理治療師是跆拳道教練，跆拳道教練除了訓練選手外，還需分析敵手弱點，給予迎頭痛擊，但卻可能因而讓選手爲了求勝而受傷。**一個好的心理治療師是賽跑教練，不是跆拳道教練，所以醫師也不會訓練你如何打敗伴侶**。

以剛才的例子，小梅把她先生當成敵人，希望掌握心理弱點予以攻擊，這會比較好嗎？可惜的是，現代社會工作緊湊，職場競爭氣氛濃厚，讓大部分的人都把自己當成跆拳道選手：練習層層防禦的技巧，鍛鍊克敵制勝的絕招，誤以爲人生就是一場又一場你爭我奪的廝殺，連夫妻關係都一樣，這樣好嗎？

阿柏醫師溫馨提醒

不能把心理治療師當成是跆拳道教練，希望能藉由他快速習得上乘武功，然後立刻到家庭中操演拼鬥。不要忘了：生活需要和諧相處，不只是自己跟別人的和解，更重要的是自己跟自己的和解。

4.8 家庭暴力
當下與後續如何處置？

家庭暴力發生的當下首要在保護自己，後續則須注意心理的重建。

> 家庭暴力是指：家庭成員間發生身體上、精神上、經濟上的騷擾、控制、威脅或其他不法侵害之行為。

甚麼是「家庭暴力」？連巨星也在演！

國外知名影星強尼戴普（Johnny Depp）與前妻安柏赫德（Amber Heard）的官司在激烈的庭訊之後終於劃下句點，除了法庭上激烈的攻防之外，家庭成員間的暴力問題也引發關注。那甚麼是「家庭暴力」？

- **身體暴力**：如肢體虐待、傷害、性侵等。
- **精神暴力**：如言語暴力、心理虐待、違反意願的行爲控制等。
- **經濟家暴**：如不給予生活費、過度掌控家庭財務、強迫借貸等。

（家暴受害者並不分男女）。

家暴之後的身、心問題都要妥善處理，避免留下陰影，如此才能重建生活！

 家庭暴力發生當下如何處理？

受到傳統「家醜不可外揚」、「淸官難斷家務事」等觀念的影響，家暴問題總是難被揭發，被害人也總是難以向外人啟齒。一方面擔心外人的眼光，另一方面也會想著畢竟是同住且相愛的家人或伴侶，是否要再給他一次機會？但不管要不要揭發，**當下一定要先保護好自己！**

- **尋求警方保護**：在家庭暴力發生的當下，首先要保護自己的安全，避免身體重要部位受到傷害，並儘快撥打110報警，由警察介入制止暴行並盡速就醫。
- **尋求經濟補助**：根據〈家庭暴力防治法〉第58條規定，主管機關得核發給家庭暴力被害人相關補助，像是緊急生活扶助費用、訴訟費用、子女教育費、生活費用及兒童托育費用等。相關的補助辦法可以尋求各縣市的家庭暴力暨性侵害防治中心協助。

家庭暴力發生後的心理症狀

阻斷生命及身體上的立即危害之後，心理的傷痕也需要修補，心理在強大暴力的陰影下，大腦受到強烈刺激，接下來可能引發恐慌害怕或焦躁憂鬱。因爲大腦長期受到刺激後，可能會讓大腦的情緒中樞變敏感，此後一點小刺激就會跳起來，再加上暴力陰影難以揮除，整天杯弓蛇影感到不安，如坐針氈。

阿柏醫師溫馨提醒

身體上的傷痕雖然會隨時間慢慢癒合，但心裡的裂縫也需要被好好照顧，此時可以尋求專業的身心科醫生協助，陪伴我們度過這段修復癒合的時間，藥物也可以穩定長期受到刺激的大腦，減少情緒波動。

4.9 再談家庭暴力：爲何受暴者無法走出困境

警政統計通報：2020年警察機關受理家庭暴力案8.9萬件，平均每天243件！

不要讓自己在黑夜裡獨自啜泣，我們的社會也不應該漠視幽暗角落裡的哭聲，了解家暴、杜絕家暴，也要撫平他們的創傷，重新回到社會。

這不是演戲，是家暴的側寫

Netflix影集《女傭浮生錄》裡的年輕女主角Alex，聰慧且富有文學才華，但帶著童年創傷的陰影，婚後又經歷了丈夫的家暴，親密關係的粉紅泡泡破碎後，帶著女兒在荒誕的現實中努力求生。劇中，丈夫並未對Alex施加肢體暴力，但是他不時言語譏諷，把自己的不得志歸咎於妻女，反覆地酒後情緒失控，經常在Alex面前破壞物品洩憤，他們封閉的居住環境甚至限制了Alex的對外聯繫和行動自由，相當符合家庭暴力的定義。

家暴受害者爲何不離開？

劇中有一段情節，Alex短暫地住進家暴庇護所，同爲受暴者的鄰居幫助她撐過失去女兒監護權的衝擊後，鄰居卻不告而別，回到那個會狠狠掐住她脖子的丈夫身邊。庇護所管理人告訴困惑的Alex，**家暴受害者可能要歷經七次的往復，才能真正離開有毒的關係**。事後Alex巧遇鄰居，鄰居故作鎮定假裝互不相識，走回丈夫身邊；爲此，Alex急切地不顧保密原則向管理人要求鄰居的聯繫方式，只求可以拉她一把。人們可能會問：「遭受家暴，不是逃跑就好了嗎？」但現實世界卻不是可以這麼「來去自如」的！

‧陷入圍困狀態

原本親密又信任的對象變成了恐怖的施暴者，這種威脅在受暴者心裡變得十分難以撼動，受暴者一旦陷入圍困狀態，就很難藉由改變自己來避免災難。

‧愛與責任的牽絆

相關研究發現，受暴者是因爲「愛」而選擇留下或是回到施暴者身邊，而照顧家庭、子女的責任，更讓他們無法離開暴力環境，因爲一旦離開，他甚至會失去他們。

‧資源截斷，能力不足

現實的因素對受暴者的抉擇也有著不容忽視的影響力，當可用資源被切斷，沒有經濟能力，外面的援助又進不來，迫切的生存問題擺在眼前，和「一點皮肉痛」兩相衡量，就不難理解七次往復的現象了。

經歷七次家暴的往返才會離開，
是因爲她的心這時已經死了！

走出家暴，大家一起來

「愛人」與「被愛」都是很美好的，但是一定要記得，**這份美好不會建立在貶低、控制與威脅之上，更不需要一廂情願地掏空自己，並盲目地幻想奇蹟會降臨**。如果遇到了親密關係暴力，務必要以保全自身爲優先，畢竟「自己」才是最重要的第一順位！

要從有毒的共生關係裡獨立起來，非常消耗能量，但卻是值得；陪伴他們持續走在改變的道路上，排除路上的險阻或是摸索出替代道路，是助人工作者的任務，讓我們一起來應援他們！

阿柏醫師溫馨提醒

〈家庭暴力防治法〉第63-1條明定，聲請**保護令**不限制爲夫妻或是同住家人。

1. 適用於**現有或曾經**擁有親密關係的伴侶。
2. **同居關係**也是法律保護的對象。

4.10 主婦需要被同理對待！是妻子又是媳婦的老媽子

主婦的地位比外傭還不如，凡事包辦，沒有假日，還要二十四小時伺候！

家庭成員不能一味地認為，主婦就是理所當然地應該照顧家裡小的、大的、老的。因而只會在一旁口頭孝順甚至發號施令，毫無同理心的行為是很令人心寒的。

一直轉不停，還要照顧婆婆、接待親戚

「快過年了，任何事情都要放輕鬆一點，不要忙到累過頭，反而更睡不著。」每年這個時候，我都會叮嚀這位病人。

「我還要照顧婆婆，她前陣子開刀，行動不便。」

「盡孝是應該的，但不要忘記：**孝心可以無限，但力氣總是有限**。在允許的範圍內，把力氣花在照顧婆婆上，其他的就可以盡量忽略。」

我接著問：「過年要不要大掃除？」

「現在都簡單掃而已。」

「叫晚輩掃，把紅包當作工資發給他們。」

我又問：「妳婆婆在妳家過年，會不會有很多親戚來探視？他們會不會留下來用餐？誰招呼料理？」

「都是我招呼的，留下來用餐的話，也是我料理給他們吃。」

「是喔，我建議妳叫外賣就好了啦，便當、披薩或炸雞都可以，力氣留給你婆婆！」

她聽了笑出來，說：「怎麼可能給他們吃外賣？不過也是啦，我先生陪婆婆睡，但我先生根本睡到打呼！」

我開玩笑說：「妳這樣不是比外勞還要慘？外勞只要照顧老人家，你還要花精神陪親戚哈啦，料理吃喝，還要收拾鍋碗瓢盆。」

「醫生你講的都很有道理，我也想這樣，但是……」

「我了解，妳也有妳生活的智慧，但也要學會視情況調整。大過年的，放輕鬆一點還是比較好！」

爲何婆婆總是由媳婦照顧？

前面對話中的**女性在家庭裡有「妻子」、「媳婦」的角色**，因而擔負了「妻子」家務勞動的責任，又兼具「媳婦」照顧失能長輩的責任。這是臺灣許多家庭常見的景象，爲什麼會**「家庭照顧女性化」**呢？

- 華人社會強調「養兒防老」，將子女奉養父母視爲天經地義，而奉養父母被視爲**家務勞動**的一種，也被認爲是**類似於撫養嬰兒的「天職」**，所以就歸屬爲女性的工作。
- 配偶經常見面、有婚姻關係的約束、具相當的情感連結、對突發事件有較高的道德責任等因素，**奉養**

父母的責任由兒子承接後轉嫁給媳婦，自然不在少數。

- 當**「女性是天生的照顧者」**這觀念深植在社會文化裡，女性就無法輕易地將任務下放或是交給其他人代勞。
- 女性需要一個「說得過去的理由」才能選擇不投入家庭照顧的勞務，比如一份收入不錯的工作，或是照顧年幼的兒童。

社會文化根深蒂固的認爲，照顧公婆是媳婦的「天職」，因而主婦的家庭責任就加倍了！

家人必須同理主婦的角色

扮演照顧者須要面對的困境包括：**時間受限制、行動不自由、缺乏隱私、職涯中斷、財務問題、內疚感受、身體不適等**。而且照顧與自己血脈相連的嬰兒，和照顧姻親長輩的心理狀態並不能相提並論，所以照顧長輩是一份苦差事！

但面對這些苦差事，主婦會用自己是在一個社會框架裡「扮演角色」的方式說服自己「撐」過去，但就如同姿勢不良久了會引發肌肉痠痛一樣，太過持續地扮演角色也會引起心理和生理的不適！適時跳脫角色，回應自己的需求是很重要的。而家人的理解體諒和共同承擔，也是重要的關鍵，這樣才能使主婦在「做自己」和「扮演角色」中獲得平衡！

阿柏醫師溫馨提醒

妻子是我們的伴侶，媽媽是我們的至親，如果連我們都不能同理她的處境，那她的人生哪裡還有喘息的機會？共同承擔家裡的工作吧，她不僅在扮演「主婦」（妻子＋媳婦）的角色，同時她也是「自己」。

4.11 產後憂鬱：迎來新生兒我卻好憂慮

母性雖然是與生俱來的，但並不因此意味，照護嬰幼兒就是媽咪一個人的工作。

約有五至八成的婦女，在產後會出現不同程度的情緒低落，大多數會在數天至兩週左右逐漸好轉，但約一成的婦女則會出現憂鬱症的症狀。

為什麼產後會憂鬱？

迎接新生兒總是歡喜的，經歷了十個月懷孕的辛苦，看著嬰兒呱呱墜地，心情卻反而有點憂鬱，爲什麼？

- 生理的：體內荷爾蒙變化、生產的傷口疼痛、產後的不適與身體虛弱、睡眠減少。
- 心理的：照護壓力、生活習慣改變、家人介入育嬰且意見分歧。
- 社會的：新角色、新身分、夫妻間關係變化。

如果未做好適度的身心調適，會很容易出現不穩定的情緒，甚至出現**「產後憂鬱」**。

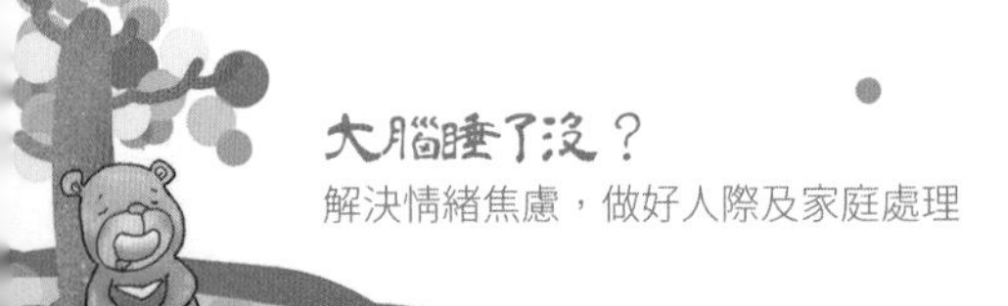

產後會有情緒是很正常的，媽咪不要太自責，而家人一起協助照顧嬰兒、關心媽咪，更是必要的。

關心嬰兒卻施壓媽咪

很多人將母性視為是與生俱來的，對於母親的角色有過度的期待與要求，這樣會讓陷入憂鬱的媽咪變得更自責：「我怎麼可以這樣？怎麼會有像我這樣不愛寶寶的媽媽？」

但育嬰這件事沒有這麼簡單，我們可以知道**憂鬱的來源是壓力**，育嬰時要面對的壓力更是百百種：為了照顧新生兒而睡眠不足、身材變化、家中長輩對於養育嬰兒的方式有各種不同意見、小寶貝不管怎麼安撫都哭不停……這些問題總是讓新手媽咪們覺得沮喪。

當媽咪也是需要學習的，女性總是在意小孩的狀況多於在意自身，導致新手媽咪們很容易忽略自己的身心健康，此時就很**需要家人跟朋友的關心與支持，讓媽咪獲得適度的休息**，比如幫忙分擔家務或照顧新生兒。媽咪也可以適時地向親友們說出自己的身心狀況，尋求紓解與協助；若是長期間受到憂鬱的情緒影響，也應該尋求專業的身心科醫生協助。

阿柏醫師溫馨提醒

新手媽咪壓力大　產婦也要人愛護
產後憂鬱要求助　娘家婆家一起顧
多管齊下才有效　關心出力不介入

4.12 你乖一點，我就會高興！但錯真的在對方嗎？

模糊的心理界限，形成錯誤的互動模式，最後變成情緒勒索！

> 人際間的「心理界限」經常因互動模式的變化而變動，隨著變動的節奏調整步伐，一步步培養默契，最後才能形成彼此專屬的互動模式。

個案

媽媽見小學三年級的女兒不小心打破碗又哭鬧不認錯，於是長期在婆家累積的壓力，以及被先生漠視否定的委屈，瞬間從心底徹底爆發，整個人崩潰蹲在廚房落淚不止。女兒發現媽媽在哭，於是停止哭鬧耍賴，前去探看媽媽。

個案分析

女兒打破碗，媽媽很傷心，即使媽媽傷心的主要原因來自於家庭壓力，女兒卻不甚明白，於是產生一連串互動行爲的變化。

■ 女兒的內心戲

女兒搞不清媽媽如此難過的原因，納悶著：

這會不會跟自己有關呢？➪
媽媽跟我那麼親近，應該有關吧！➪
我們很要好，所以一定有關。不然，難道我們不夠要好嗎？

所以女兒形成一個想法：

媽媽的難過跟自己有關，我最好乖一點，不要讓媽媽傷心。➪
產生新的積極行為，希望能彌補媽媽的難過，如：畫圖給媽媽道歉、晚餐主動收桌子、嘴巴甜一些、語氣溫暖一些。

■ 媽媽的內心戲

媽媽觀察到女兒的行爲改變：
尚未釐清自己的心理界限與潛意識中的壓迫與委屈。➪
從女兒行為中直觀地看到她變乖了。➪
產生「我難過，孩子變乖巧」的連結。

錯誤的模糊心理界限

「媽媽難過→女兒變乖」很容易讓親子行爲模式得到增強，然後不斷重複，不斷強化，最後牢固不破！

媽媽發現女兒變乖，口頭大力稱讚，也感謝女兒讓自己心情變好。➪
女兒認為自己的猜測獲得證實：「果然媽媽掉淚跟我有關，我變乖媽媽就會恢復！➪
「以後看到媽媽難過，我就要乖一點，好讓媽媽心情趕快好起來！」

但這無形中強化媽媽「模糊心理界限」的傾向，久而久之，**媽媽的情緒變成女兒的責任，雙方心理界限更加模糊**，如：

- 在婆家受的無奈委屈➪怪到女兒身上➪女兒變乖➪媽媽開心➪母女和好，一起出去吃冰淇淋。
- 夫妻關係中位階落差的無力感➪怪到女兒身上➪女兒變乖➪媽媽開心➪母女兩人更加緊密。
- 工作中，朋友間，所有外在的緊繃情緒➪都怪到女兒身上➪女兒變乖➪媽媽開心➪兩人都開心。

養成錯誤的連結，很嚴重！

久而久之，**媽媽不知不覺間養成用情緒（如發怒或落淚）來約束或改變孩子行爲的習慣**。但發怒就會讓孩子變乖巧，誰還會耐心好好教呢？於是媽媽越來越容易發怒，因爲只有發怒孩子才會變好，孩子也因此得到獎賞（額外的禮物或是媽媽的好心情），於是強化牢固這種行爲模式的循環。所以最理想而清楚的心理界限是，媽媽要能認清：

「我的難過，是我自己的情緒，跟別人不一定有關。」

「就算跟某人有關，也要搞清楚對象，看清是誰讓我那麼難過。」

「女兒打破碗雖然造成我不悅，但只占一小部分。」

設定好心理界限，一碼歸一碼，自己的情緒自己消化，不要胡亂遷怒，更不要趁機情緒勒索。

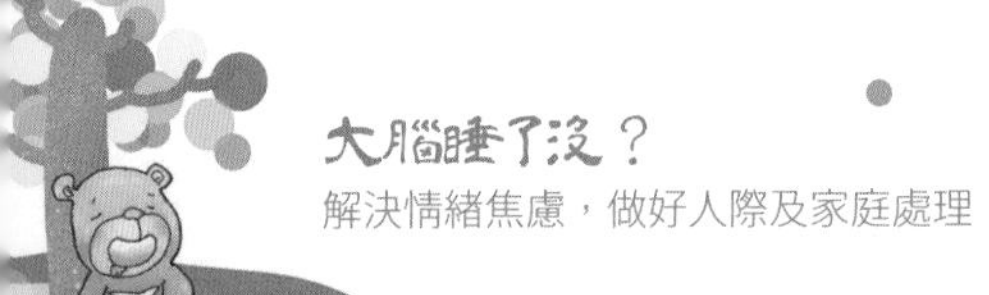

阿柏醫師溫馨提醒

孩子若有機會看到媽媽清楚而理智的心理界限，學習媽媽消化並涵容自身的情緒，不隨意牽拖，這樣將來孩子也才有機會學習到理想而清楚的心理界限。

4.13 孩子老是拖延怎麼辦？他的快樂不現實！

人類天生的設定是「快樂原則」，需用「愛」轉換爲「現實原則」，才能獨立面對環境。

皇帝不急，急死太監！大人越催越急，小孩越拖越晚，因為小孩知道，我再怎麼拖，大人最後都會把我「安全送達」！

不用負責任，我當然就會拖

「我家的孩子越來越會拖延，每天上學都要我催到快要發飆才肯出門。」一個媽媽氣憤地這麼說。

「你孩子多大了？」我問。

「今年國二。」媽媽這麼說。「還會大聲頂嘴，眞是讓我快氣瘋了！」

「那他最後上學有經常遲到嗎？」我問。

「他每次都拖到最後一刻才肯出門，害我開車載他去學校都要用飆的。」她忿忿不平地說著。「好幾次還差點出事。」

「那上個學期他遲到幾次？」我追根究柢地問。

「上個學期也沒有被記遲到。」媽媽停頓想了一下。「醫師是要我都不要管他，不要催他，讓他遲到，自己承擔後果？」

「當然！」

要用「現實原則」取代「快樂原則」

「趨樂避苦」是人的天性：小朋友上幼稚園，稍有不順意就會嚷嚷不想上學，天氣冷懶得起床也會嚷嚷，不喜歡新來的老師也會嚷嚷。依照佛洛依德描述的人類心理狀態，人一出生下來便會依循著**「快樂原則」**：只做讓自己快樂的事情。小嬰兒高興睡就睡、高興吃奶就吃奶，一切以他自己高興爲主。

然而，小嬰兒會漸漸發現這個世界的存在，發現所謂的「現實」，所以逐漸發展出一套**「現實原則」**出來——天黑就要睡覺，天亮了媽媽才會來餵奶，每個小嬰兒都會逐漸發現這個現實，於是開始變得比較理性。

甚麼時候該做甚麼事情，按表操課，不能夠因爲下雨就不去上學，不能因爲想看電視就把功課丟一邊不管。但是小朋友不會那麼聽話，怎麼辦？要**用「教育者的愛」一步一步來引導與協助**，譬如幼稚園小朋友爬不起來，做父母的可以替他們設鬧鐘，甚至叫他們起床，但是不能賴床不上學。隨著孩子的成長，照顧者也需要逐步減少協助，促進孩子獨立起來，避免變成依賴，甚至變成耍賴。

但佛洛依德也對教育者做了一個重要的提醒：**如果被寵愛的小孩認爲無論如何他永遠都不會失去這些來自於教育者的愛，那麼對這個小孩而言，教育就完全失敗了**。以剛剛的事件爲例子，我建議那個媽媽還是可以替她兒子設鬧鐘、準備早餐，但是都依照原本的節奏，父母不要因爲小孩晚起床就加快自己的速度，最後的結果要由孩子來承擔。

佛洛依德說，所謂「教育」，就是用「現實原則」取代「快樂原則」。

改變孩子「愛的五妙招」

‧孩子改善的動機來自於父母的愛

要讓孩子感覺被愛，而且知道自己的負面行爲可能減損這些愛，這樣才會珍惜父母的愛。因爲珍惜，所以願意改變行爲，改成符合現實原則，而不再是快樂原則。

‧當有好的行爲時，給予愛的正向鼓勵

零用錢是父母愛的表現，但不光是物質，心靈的更好。一句「你好棒」，不只是語言的讚美，更是背後代表的愛，同樣的，一句鼓勵、一個眼神，都是愛的正向表達。

‧讚美要純粹

鼓勵讚美，就單純針對當時表現良好的這件事，不要順便叨念其他事情，孩子準時起床了，就給予讚美，其他就先忍耐，如動作慢吞吞，床被沒摺好，東西忘了帶等。

‧即時讚美才有效

當發現好的行爲，當下就立即給予讚美，如果是做紀錄、換點數、每週結算等就不夠即時，這樣行爲改變就不容易成功。

‧對自己的鼓勵教育要有信心

若你對自己的教育方式有信心，請堅持下去，當孩子發展正向行爲時，就告訴自己做對了。反之，信奉過去打罵教育的父母，當孩子有成長跟改進時，就歸功於自己的打罵，這樣反而適得其反，終究會失敗。

阿柏醫師溫馨提醒

從小就要善用讓孩子改變的「愛的五妙招」，讓孩子的快樂原則不是建立在生物性上，而是現實責任性上。

4.14 孩子拒學，要先釐清他的情緒障礙

孩子拒絕去學校，就是偷懶或開始要變壞嗎？沒有其他原因嗎？

> 當發生拒學現象時，要知道「冰凍三尺非一日之寒」，成因通常是多方面的，但往往承擔一切責任的是學生本人。

學校沒有比社會好待

「醫生，我睡不著好煩惱，想到隔天早上還要上班，煩死了！真羨慕正在念小學的姪子，無憂無慮，每天都到學校玩就好。」

「我倒覺得學生壓力很大呢！你想想：學生每個月都要考試，考的內容都是新的，考不好還要被責罰，輕鬆嗎？如果你的工作每個月都要考試評鑑，而且每次都是新的業務範圍，有錯誤就被罵，還要公告成績，這間公司你待得下去嗎？」

「也是齁，那我應該會離開這家爛公司。」

「但是，你可以隨意離職，學生可以隨意休學嗎？所以這時他們就會有抗拒意識出現！」

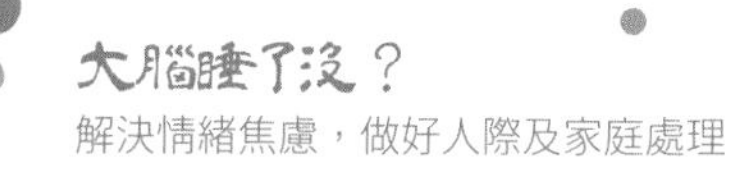

爲什麼拒學？原來是情緒困擾

現代學者研究了拒絕上學的狀態，提出了**「拒學」的定義：兒童有動機的拒絕上學或無法一整天待在學校中**。並指出眞正的原因也許不是因爲小孩偷懶，而是**因爲「情緒困擾」而導致到校困難**。

- **課業的：**課業及升學壓力大、不喜歡教學或考試模式、成績不理想（也常出現在小學成績很好，但升上明星國中後因競爭者變強而排名不如以往的同學身上），乃至直接對讀書沒興趣等。
- **環境的：**和同學處不來（包含被霸凌）、沒辦法信任某一個老師、討厭嚴格的校規等。
- **其它干擾因素：**身體變化或開始出現第二性徵、外界因素的誘惑（如沉迷嬉戲、網路遊戲、社群媒體）、感情困擾或性別認同等。

在情緒及人格發展都尚未健全的時期，面對到這些狀況，孩子的思考可能會相對主觀不全面，或者會**出現悲觀性的想法**，覺得「人生黑暗」、「這輩子沒希望了」……這些問題如果沒有被適時地理解與處理，輕則出現壓抑焦慮，嚴重時可能會出現自傷的行爲。

拒學情緒沒處理好，也常會出現轉向到外界，如網路、校外、不良場所去尋求陌生人陪伴的情況。

不要汙名化拒學情緒

「去上學就好了呀！不肯上學，難道不是學生他自己的責任嗎？」

「當一個成年人壓力大到無法走進公司，我們通常會關心他背負的壓力有哪些，主管或工作環境需不需要調整？但未成年的學生抗拒上學時，卻鮮少有父母或師長會去關心癥結所在，而是一味責罵，因爲學生本身就是『弱勢』的。」

「爲什麼學生是弱勢的呢？」

「因爲在學校的教學裡，老師上課總是教『老師已經會的部分』，而學生總是學習『自己不會的部分』，這自然而然就形成一種形式上的階級！用公司文化比喻，老師是部門老鳥，學生是新人，在公司通常摸個一年半年，業務就會上手，可是學生在漫長的十幾年教育裡一直都是新人，一直都在學習自己既陌生又不一定感興趣的科目。所以，無法承擔如此壓力的學生應該獲得關心才對。」

孩子們通常需要的是耐心聆聽，而不是武斷批判，我們需要鼓勵孩子說出心中的煩惱，並幫助他們解決問題；更重要的，也可以視情況到身心科門診尋求專業的協助與支持喔。

阿柏醫師溫馨提醒

大人如果一直對孩子的學習負面情緒抱持著「我小時候也是這樣」、「真是身在福中不知福」，那就表示他還是以過去的經驗在衡量新的時代，這樣對解決問題反而有害。

妙廚豬
奇笑狼
飯糰妹
哈拉鴨
力波猴
茄河馬
發呆熊
柏樂
阿柏醫師
花喜獅

國家圖書館出版品預行編目資料

大腦睡了沒？解決情緒焦慮，做好人際及家庭處理／林佩芸、謝季玲、劉貞柏合著. --初版.--桃園市：柏樂診所，2023.6
面； 公分
ISBN 978-626-97406-0-4（平裝）
1.CST: 生理心理學 2.CST: 情緒管理 3.CST: 睡眠障礙症 4.CST: 失眠症
172.1 112006872

大腦睡了沒？
解決情緒焦慮，做好人際及家庭處理

作　　者　林佩芸、謝季玲、劉貞柏
插　　畫　劉貞柏
校　　對　林佩芸、謝季玲、劉貞柏
企劃編輯　白象文化事業有限公司
發 行 人　劉貞柏
出　　版　柏樂診所
320桃園市中壢區中山東路二段37號1樓
電話：（03）4560208
網址：happypoclinic.blogspot.com
電子郵件：happypoclinic@gmail.com
設計編印　白象文化事業有限公司
專案主編：黃麗穎、林金郎　經紀人：徐錦淳
經銷代理　白象文化事業有限公司
412台中市大里區科技路1號8樓之2（台中軟體園區）
出版專線：（04）2496-5995　傳真：（04）2496-9901
401台中市東區和平街228巷44號（經銷部）
購書專線：（04）2220-8589　傳真：（04）2220-8505
印　　刷　基盛印刷工場
初版一刷　2023年6月
定　　價　390元

缺頁或破損請寄回更換
本書內容不代表出版單位立場，版權歸作者所有，內容權責由作者自負

雅歌身心診所
HAPPY SONG CLINIC

守護您的身心健康

本院擁有專業的心理諮詢團隊
具備卓越的學經歷
為您設身處地的解決長久以來的困擾

針對失眠或身心困擾等
提供放鬆舒適的環境
讓您安心將一切交給我們

悉心溫柔的照顧到您的需求
陪伴您走向光明快樂的未來

雅歌身心診所

☎ 03-287-0062
桃園市中壢區高鐵站前西路一段276之2號

雅歌身心診所
HAPPY SONG CLINIC

為您築一道光
雅歌溫暖守候

學經歷

- 柏樂診所院長
- 國立中央大學諮商中心兼醫師
- 台北榮總新竹分院主治醫師
- 台北市聯合醫院松德院區住院醫師
- 台北市聯合醫院松德院區兒童青少年醫師
- 竹東榮民醫院主治醫師
- 台灣精神分析學會會員
- 台北馬偕醫院偏遠山地巡迴醫療醫師
- 新竹地方法院監護輔助宣告鑑定醫師
- 元培科技大學醫管系講師
- 新竹縣客語社區衛教講師

劉貞柏 院長

專長

- 急慢性失眠
- 心因性頭痛暈眩
- 腦鳴耳鳴
- 記憶力退化
- 慢性疲勞
- 自律神經失調

人氣代表著作

【睡覺也需要練習：治療失眠從活化心靈開始24週讓你一夜好眠】
遠離失眠與焦慮的惡性循環，重『心』開始！ 透過正確方式來練習，認識自己.活化心靈
幫助您用24週的時間擺脫失眠，找回安穩好眠。

【失眠關鍵50問(淺眠多夢 / 睡眠障礙)】
睡不好，但又不知道該如何求助嗎？想解決失眠，就要先找到關鍵問題！教您如何評估自己的睡眠狀態
如何調整作息與生活習慣，找到關鍵因素並正確敘述，才能對症下藥徹底改善失眠喔！！

【我的孩子有問題嗎】
我的孩子表現總和其他小孩不一樣，該怎麼辦？ 本書帶您了解關於孩子成長25個最常見的教養問題
由專業精神科醫師協助您彈性思考，讓問題迎刃而解。

雅歌身心診所　☎ 03-287-0062　桃園市中壢區高鐵站前西路一段276之2號